HENRI NOUWEN
PETER DYCKHOFF

Bilder göttlichen Lebens

HENRI NOUWEN
PETER DYCKHOFF

Bilder göttlichen Lebens

Ikonen schauen und beten

HERDER
FREIBURG · BASEL · WIEN

Inhalt

Wir werden, was wir schauen
von Peter Dyckhoff

Bilder göttlichen Lebens

von Henri Nouwen

Wir werden, was wir schauen

von Peter Dyckhoff

I. Erste Begegnung

Die Ikone der «Auferstehung Christi» (Höllenfahrt)

Soweit ich zurückdenken kann, gab es in unserer Familie – und sie war groß, denn mein Vater hatte fünf Geschwister – niemals eine andere Anrede für Mutter als «Mutter» und für Vater als «Vater». Und zu unseren Großeltern sagten wir «Großmutter» und «Großvater». Als ich später durch Spielgefährten erfuhr, mit welch zärtlichen Namen sie von ihren Eltern sprachen, hatte ich das Gefühl, etwas zu entbehren. Doch mit niemandem konnte ich darüber sprechen.

Obwohl mir in meinen drei ersten Lebensjahren beide Eltern zur Seite standen, kann ich mich an Vaters Gegenwart nicht erinnern. Er trat mit einem Schock in mein Leben. Ich muss damals drei oder knapp vier Jahre alt gewesen sein. Ich lebte mit Mutter allein, die oft sehr traurig war und viel von meinem Vater sprach. Von dem, was sie sagte, hatte ich keine Vorstellung; es war nicht greifbar und fühlbar für mich. Schön und wohltuend jedoch war es, jede Nacht neben ihr in Vaters Bett schlafen zu dürfen. Eines Abends – für mich war es schon tiefe Nacht – weckte Mutter mich ganz erschrocken. Sie machte Licht und horchte. Dann klopfte es an die Schlafzimmertür, die sich gleich darauf öffnete. Ich bekam einen riesengroßen Schreck: In der Tür stand ein ganz großer Mann in Militäruniform. Er sagte nichts und schaute uns an. Es muss eine Ewigkeit gedauert haben – so kam es mir vor –, weil niemand sich bewegte oder ein Wort sagte, bis Mutter ausrief «Rolf»!

Von diesem Augenblick an hatte ich einen leibhaften Vater, der auch bei mir blieb, innerlich, als er nach seinem überraschenden Fronturlaub nach einigen Tagen in den Krieg zurück musste.

Gott sei Dank kam Vater im Sommer 1945 nach kurzer russischer Gefangenschaft nach Hause, und mit ihm begann nicht nur für Mutter, sondern auch für mich das Leben neu. 1950 hatte er mit Hilfe der Familie das Haus wieder so weit hergerichtet, dass wir einziehen konnten. Vorher wohnten wir behelfsmäßig bei den Großeltern. Ich durfte als erster die Nacht im «neuen» Haus verbringen – einen Tag vor dem Umzug. Ich war damals dreizehn Jahre alt und ging zum Gymnasium.

Unser Garten grenzte an ein Grundstück, das einem Zahnarzt gehörte. Sein Haus wurde im Krieg nicht zerstört, sodass die Familie, abgesehen von einer Einquartierung, ungehindert darin wohnen bleiben konnte. Eine Tochter, sie hieß Mariele, war ungefähr so alt wie ich. Wir lernten uns am Zaun der Gärten kennen und tauschten fast täglich Neuigkeiten aus. Eines Nachmittags schenkte sie mir ein Blatt mit einem bunten Bild und sagte, dies sei eine Ikone, ein russisches Heiligenbild. Ich war erstaunt, von ihr zu hören, dass die Russen sogar ein Heiligenbild haben.

Obwohl der Krieg schon einige Jahre beendet war, verband ich mit dem Wort «Russland» nur etwas Schreckliches. Umso mehr interessierte mich jetzt dieses Bild, das sich Ikone nannte. Ich schaute zum ersten Mal in meinem Leben bewusst auf eine Ikone – sie roch nach Zahnarzt. Als ich Mariele fragte: «Woher hast du dieses schöne Bild?», sagte sie: «Im Wartezimmer unserer Praxis liegen Magazine. Und da ich dachte, dir könnte das Bild gefallen, habe ich die Seite herausgerissen.» Ich hielt zum ersten Mal eine richtige Ikone in meinen Händen und durfte sie behalten. Sie zu entdecken nahm ich mir für später vor, wenn ich allein sein würde.

Alles hatte etwas Geheimnisvolles für mich: Ein russisches Bild, das mir jemand schenkte, und dazu noch ein Mädchen, das es aus einer Zeitschrift heimlich und eigens für mich herausgerissen hatte. Das Wort «Ikone» klang so schön fremd und geheimnisvoll. All das wollte behütet und bewahrt werden; und so versteckte ich das Bild in meinem Zimmer, um es am Abend in Ruhe anzuschauen.

«In der Tür stand ein ganz großer Mann. Er sagte nichts und schaute ...» Der Mann sah aus wie Vater, nur dass er ein rotes Gewand trägt. Der Mann, der im grünen Rahmen erscheint, ist Vater, und der Augenblick der bewussten ersten Begegnung mit ihm wurde beim Schauen der Ikone lebendig. Dies war und ist das größte Geheimnis, das die Ikone für mich ausstrahlt. Ich habe mit niemandem darüber gesprochen, denn dieses Geheimnis wollte ich für mich behalten.

Von einem Schreiner ließ ich mir ein Holzbrett schneiden, dessen Vorderseite ich sorgsam mit feinem Schmirgelpapier glättete, um behutsam die Ikone darauf zu kleben. Ich bohrte ein Loch oben in die Rückseite, und hängte sie auf einen Nagel flach an die Wand meines Zimmers, so, dass ich sie von allen Seiten sehen konnte. Irgendjemand, dem ich sie einmal stolz zeigte, gab mir den Rat, die Ikone mit einer feinen farblosen, durchsichtigen Lackschicht zu überziehen, um sie vor Feuchtigkeit und Kratzern zu schützen.

So begleitete mich diese russische Ikone der «Auferstehung Christi», die auch «Höllenfahrt Christi» genannt wird, noch weit in meine Studentenjahre hinein. Das Bild von der plötzlichen Erscheinung meines Vaters muss so tief in meine Seele gefallen sein oder sich wie ein Wasserzeichen in sie eingeprägt haben, dass mir beim Anschauen dieser Ikone nach vielen Jahren dieses

Geschehen in seiner ganzen Tiefe bewusst geworden ist. Oft habe ich still vor dieser Ikone gebetet, wenn ich leidvoll erfahren musste, dass sich meine Sehnsucht nicht erfüllte oder ich schlechte Noten von der Schule mit nach Hause brachte. Am intensivsten jedoch habe ich vor dieser Ikone gebetet, ja, um Hilfe gerufen, als mein Vater durch einen Autounfall tödlich verunglückte. Ich habe den Herrn angefleht, dass er mir seine Hand reichen und mir Kraft geben möge, um die vielen Aufgaben, die mir Vater hinterlassen hatte, zu bewältigen. Ich war damals fünfundzwanzig Jahre alt. Doch Vater war so weit entfernt von mir und ebenso Christus, dass ich weder eine liebende rettende Hand noch Kraft spürte, um die Arbeit von Vater erfolgreich weiterzuführen. In vielem habe ich damals versagt und bin eigenwillige Wege gegangen, die mich in eine Sackgasse führten. Die «Höllenfahrt» oder «Auferstehung Christi» verlor ich aus den Augen, da mir meine Belange und die Erfüllung nicht guter Wünsche wichtiger waren.

Nach sieben unguten Jahren durfte ich erfahren, dass die Liebe Christi mit mir hinabgestiegen war. Ich empfand, dass der Herr mir in der Begegnung mit dem «Ruhegebet», bei dem immer wieder das Erbarmen Christi angerufen wird, seine Hand reichte, um mich aus Verstrickungen zu befreien. Und auf einmal entdeckte ich die Liebe zu meiner russischen Ikone, der «Auferstehung Christi», ganz neu in mir, tiefgreifender, im hoffnungsvollen Aufschauen, in erwartender Freude auf etwas Großes, das der Herr für mich, ja, für alle Menschen bereitet hat.

Die Ikone aus meiner Jugendzeit gab es nicht mehr. Auf einer Reise mit meiner Mutter nach Kreta entdeckte ich im Klosterladen eines griechischen Mönchsklosters eine wunderbar gefertigte «Anastasis» (Auferstehung), eine Abschrift der mir vertrauten und ans Herz gewachsenen russischen Ikone. Ich konnte sie erwerben, und von da an hüte ich sie in ganz besonders liebevoller Weise. Jedes Mal, wenn ich Vorträge über das Ruhegebet halte und einzelne Menschen in diese wunderbare Gebetsweise einführe, geschieht dies in Anwesenheit der Ikone.

Nun aber ist Christus von den Toten auferweckt worden als der Erste der Entschlafenen. Denn da durch einen Menschen der Tod gekommen ist, kommt durch einen Menschen auch die Auferstehung der Toten. Wie nämlich in Adam alle sterben, so werden in Christus alle lebendig gemacht werden.

1. Korintherbrief 15,20–22

Anastasis
Russische Ikone (Pskov)
14. Jahrhundert, St. Petersburg

In der westlichen Kirche wird der Auferstandene vornehmlich als Sieger abgebildet, der mit einer Siegesfahne dem Grab entsteigt. Die ostkirchlichen Ikonen der «Auferstehung» (Anastasis) dagegen zeigen Jesus, wie er hinabsteigt in das Reich des Todes. Sie werden daher auch «Höllenfahrt Christi» genannt. Von den Evangelisten erwähnt nur Matthäus kurz dieses Geschehen: «Denn wie Jona drei Tage und drei Nächte im Bauch des Fisches war, so wird auch der Menschensohn drei Tage und drei Nächte im Innern der Erde sein» (Matthäus 12,40).

Die Ikone ist gestaltet nach dem apokryphen Nikodemus-Evangelium (5. Jahrhundert). Darin ist ausführlich die Höllenfahrt Christi beschrieben. Christus hat den Tod durch den Tod besiegt. Durch sein Kommen zerbrechen die schweren Pforten und eisernen Riegel der Unterwelt.

Die meisten Darstellungen der «Höllenfahrt» in der ostkirchlichen Kunst zeigen den «Descensus», das heißt, das Hinabschreiten oder Niederbeugen Christi zu den Voreltern. Auf unserer Pskover-Ikone jedoch hat Christus bereits die Hölle verlassen und ist im Aufstieg begriffen, indem er Adam und Eva an sich zieht. Bei allen Auferstehungs-Ikonen der Ostkirche, die gleichzeitig Erlösungs-Ikonen sind, steht die heilsgeschichtliche Bedeutung im Vordergrund: die Errettung nicht nur der Voreltern und Gerechten des Alten Testamentes, sondern aller Menschen, und die Überwindung des Todes durch das Erlösungswerk Jesu Christi. Die Osterikone «Abstieg ins Totenreich» möchte dem Betrachter zeigen, wie die Liebe Jesu auf seinem Weg des Abstiegs sichtbar wird und gleichzeitig, wie sich das Irdische mit dem Himmlischen wieder verbindet. Gott steigt in Jesus Christus zu uns Menschen herab, wird ein Mensch wie wir und geht mit uns in jegliches Leiden hinein. Er ist sogar da noch gegenwärtig, wo ein Mensch in äußerster Verlassenheit und Gott abgewandt stirbt. Die Ikone geht noch einen Schritt weiter und erzählt das Geheimnis, wie Jesus Christus in die Finsternis der Totenwelt hinabsteigt, sie besiegt und alle zu sich ins Leben ruft.

In der ältesten Mariendichtung der Ostkirche, im byzantinischen Kirchenhymnus «Akathistos», einem Lobgesang auf die Gottesmutter, heißt es:

Weil er aus Liebe alle begnadigen wollte,
welche der Strafe schuldig sind, kam ureigens er,
der alle Menschen freispricht, heim als ein Fremder zu denen,
welche fern seiner Gnade lebten.
Und als er so den Schuldschein zerriss, hörte er aus aller Munde:
Halleluja, Halleluja, Halleluja.

Beim längeren Anschauen der Ikone ist im Aufstieg Jesu und der Befreiten eine tragende Kraft zu spüren, die den Menschen in seinem inneren Kampf stärken und seine ihm eingestiftete Sehnsucht nach dem göttlichen Licht und der göttlichen Liebe bewusst machen will. Alles Schwere und nach unten Ziehende wird von Jesu Christi ergreifender Liebe leuchtend umhüllt und leicht: «Wach auf, du Schlafer, steh auf von den Toten, und Christus wird dir aufleuchten» (Epheser 5,14).

Gegen Ende des zehnten Jahrhunderts beginnt in Russland die christliche Kultur. Leider gibt es von den frühen russischen Ikonen nur noch sehr wenige, da durch den Tataren-Einfall in den dreißiger Jahren des dreizehnten Jahrhunderts die Zeugnisse der russischen Bildkunst fast völlig vernichtet wurden. So hat sich die russische Ikonenmalerei neu durch Anregungen verschiedenster Art entwickelt, sowohl dem Stil als auch der Maltechnik nach. Vorbilder der russischen Ikonenmaler waren Ikonen, die von Feldzügen aus Konstantinopel und den Küstenstädten des Schwarzen Meeres mit nach Russland gebracht wurden. Orientalisch-syrische Ikonen wurden durch Pilger bekannt, die die heiligen Stätten in Israel besuchten, griechische Ikonen durch Geistliche, die zur Bekehrung nach Russland kamen. Sie brachten häufig viele Ikonen mit, um sie den russischen Fürsten als Geschenke zu überreichen.

Neben Novgorod kann auch Pskov (Pleskau) auf eine reiche künstlerische Vergangenheit zurückblicken. Die Schule von Pleskau (14. und 15. Jahrhundert), die viele neue ikonographische Themen entwickelte, zeichnete sich durch betont volkstümliche Züge aus, die sich in den Ikonen widerspiegeln. Sie sind schlicht, aber von großer Ausdruckskraft. Auffallend sind die Farben, in denen ein starkes Grün und orangefarbige Töne vorherrschen.

Der kirchenslawische Text auf der Pskover-Ikone der «Höllenfahrt Christi» oberhalb der grünen Mandorla oder Lichtaura lautet: «Die Auferstehung unseres Herrn und Gottes Jesus Christus».

Einen deutlichen Kontrast zu der kraftvollen und dynamischen Aufwärtsbewegung bilden die Reihen der alttestamentlichen Zeugen hinter den Stammeltern der Menschen, Adam und Eva. In einer feierlichen Haltung, die überirdische und göttliche Ruhe ausstrahlt, schauen sie zu, was hier geschieht. Links hinter Adam sind die beiden Könige Salomo und David zu sehen, als alttestamentliche vorausweisende Zeugen der Auferstehung Christi. Von oben rechts schauen der bärtige und kraushaarige Täufer Johannes und ein von der Geistesflamme berührter Prophet dem Geschehen zu. Als Ornament verwendet der Maler dieser Ikone eine dichte Folge von weißen Punkten.

In einem Band oberhalb der Höllenfahrt ist eine Gruppe von zehn Heiligen gemalt, deren Mitte der heilige Nikolaus bildet.

Er schaut den Betrachter an, während links vier und rechts fünf Heilige auf ihn blicken. Von links nach rechts gesehen sind es folgende Heilige: die als Ordensfrau erscheinende Märtyrerin Paraskeve, die in der rechten Hand ein Kreuz trägt; Kosmas, der als arabischer Arzt kranke Menschen und Tiere unentgeltlich behandelte; der ein rotes Pallium tragende Erzengel Michael, göttlicher Bote und Führer der himmlischen Heerscharen, der die Gebete der Menschen zu Gott bringt und die Seelen der Verstorbenen ins Paradies geleitet – erkennbar an den Flügeln; die Gottesmutter mit weit ausgestreckten offenen Händen, die auf Nikolaus weisen. Nikolaus, Bischof, Beschützer und Helfer, der neben Maria der meistverehrte Heilige der Ostkirche ist, trägt in der rechten Hand einen Evangelienkodex, mit hoher Stirn und breiten Schläfen stellt er den ausgesprochenen Asketentypus dar; Georg, hier unbewaffnet, ist der nach Nikolaus wohl am meisten verehrte Heilige, er trägt ein Handkreuz und einen rotfarbigen Umhang, seine rechte geöffnete Hand weist auf Nikolaus hin. Der Erzengel Gabriel, der auch Mann oder Stärke Gottes genannt wird und die Befehle Gottes ausführt, ist in der Reihe der Heiligen durch seine Flügel besonders gekennzeichnet; der Prophet Elija, der mit einem feurigen Wagen zum Himmel fuhr, ist hier als Greis mit Bart und ruppigen Haaren dargestellt, der mit der rechten Hand seinen Umhang festhält. Demetrius, ein junger, bartloser Mann, der von Lanzen durchbohrt wurde, ist in ein rotes Gewand gehüllt, als Zeichen seines Martyriums; Barbara, die als Patronin der Sterbenden gilt, trägt einen Schutzmantel. Sie hält in der Rechten ein Handkreuz und ihr Haupt ziert die Märtyrerkrone.

In einem nächsten Schritt möchte ich mich meditativ und betend dem eigentlichen Geschehen widmen, das die Pskover

Ikone darstellt: der Auffahrt Jesu Christi aus der Finsternis des Todes. Der Abstieg in den Tod wird zu einem siegreichen Aufstieg in das Reich des Vaters, dargestellt durch die grüne mandelförmige Gloriole (Mandorla), auf der Köpfe von Engeln mit Flügeln zu sehen sind.

Herr, Jesus Christus, du steigst hinab
in die Tiefen der Erde,
zermalmtest die Ketten der Toten und standest –
wie Jonas aus dem Meerungetüm – auf aus dem Grab.
Durch dich feiern wir die Tötung des Todes,
die Vernichtung des Bösen, den Anbruch des ewigen Lebens.
Nun ist alles voller Licht. Darum jubelt die ganze Schöpfung
über deine Auferstehung. Lass uns durchstrahlt werden
von dieser Freude und gemeinsam rufen:
Christus ist wahrhaft auferstanden!
(Osterkanon des Johannes von Damaskus, gest. um 754)

Der Urheber des Lebens ist hinabgestiegen zu den Toten, und damit wendet sich alles menschliche Leid und der Tod zum Leben. Er ist hinabgefahren in die unerforschten dunklen Gründe unseres Herzens und unserer Seele, um uns und alles im Dunkel Liegende zu wecken und uns emporzureißen in sein wunderbares Licht. Die ausgestreckten Hände des Erlösers haben zwei Gestalten im Griff. Es sind die Stammeltern des Menschengeschlechts: Adam und Eva. In ihnen sind wir alle von Gott ergriffen. Das Handgelenk Adams wie auch das Evas liegt fest und sicher im Griff des Erlösers, was die Stammeltern und damit auch alle Menschen als mit dem Herrn unlösbar verbunden ausweist. Das jedoch können sie in diesem Augenblick weder fassen noch begreifen. Der von Gott Ergriffene ist noch gebunden an das Unten und wie gelähmt von Todbefangenheit. Wie im Traum, wie im Halbschlaf, wirken ihre Gesichter.

In dem Augenblick, in dem Christus Adam und Eva aus ihrer kastenförmigen Gruft zu sich zieht und sie sich zu ihm aufrichten, bildet sich um ihr Haupt eine goldene Aura. Der erste Adam wollte ohne Gott selbst werden wie Gott. Besonders wenn wir Schlechtes über andere reden und über sie urteilen, bricht auch bei uns das ererbte Verlangen, alles ohne Gott selbst in die Hand nehmen zu wollen, wieder durch und belastet uns und denjenigen, über den wir richten. Der zweite Adam, Christus, ist gekommen, um einzig und allein Gottes Auftrag und seinen Willen zu erfüllen: unsere Rettung und Erlösung. Der erste Adam brachte uns den Tod, der zweite schenkt uns das Leben. Christus versichert uns: «Ich gebe ihnen ewiges Leben. Sie werden in Ewigkeit nicht verloren gehen, und und niemand wird sie meiner Hand entreißen» (Johannes 10,27b–28).

Es flog jener Allhirte herab und suchte Adam,
das verirrte Schaf.
Er trug es auf den Schultern und stieg empor.
Er wurde zum Opfer für den Herrn der Herde.
Gepriesen sei sein Erbarmen!
Er sprengte Tau und belebenden Regen auf jene Maria,
die trockene Flur.
Er fiel wie ein Weizenkorn in die Scheol,
er stieg empor als Garbe und neues Brot.
Gepriesen sei sein Opfer!
Von der Höhe stieg zu uns die göttliche Macht herab,
und aus dem Mutterschoß erstrahlte uns die Hoffnung.

Aus dem Grab ging uns das Leben auf,
und zur Rechten nahm für uns der König Platz.
Gepriesen sei sein Ruhm.
Aus der Höhe floss er als Strom, und aus Maria
kam er als Wurzel.
Vom Kreuzesholz stieg er als Frucht herab,
und als Erstlingsgabe stieg er zum Himmel empor.
Gepriesen sei sein Wille!
Von der Höhe stieg er herab als Herr,
aus dem Mutterschoß kam er hervor als Knecht,
der Tod sank vor ihm auf die Knie in der Scheol
und in seiner Auferstehung betete ihn das Leben an.
Gepriesen sei sein Sieg!
(Ephräm der Syrer, gest. 373, aus den Hymnen de Resurrectione)

Vor der grünen Mandorla erscheint Christus in rot leuchtendem Gewand. Er bricht das Totenreich auf und ergreift die in der Macht des Todes Gefangenen, um sie ins Leben zu führen. Seine Füße haben festen Halt und stemmen sich für den Aufstieg. Die Füße Adams und Evas dagegen haben weder Standfestigkeit noch einen Standort. Der Herr ist ihr Halt, er wird sie im Hinaufziehen auf ihre eigenen Füße stellen. Ein Teil des Umhangs Christi flattert bereits im Aufwind.

Zu Füßen des Herrn öffnet sich der Hades. Er hat die Tore zur Unterwelt für immer aus den Angeln gehoben. Neben den zerbrochenen Brettern unterhalb der Mandorla sieht man, wie Schlüssel und zerborstene Schlösser ins Leere fallen. Christus selbst ist der Schlüssel zu diesem Abgrund, ja, er ist der Schlüssel zu all unseren Abgründen, die sich auftun in unserer Seele. Wir versuchen vergeblich, mit unseren selbstgefertigten Schlüsseln die Abgründe zu öffnen. Wir versuchen vergeblich, dem Geheimnis des Todes auf die Spur zu kommen. Unsere Schlüssel fallen nutzlos und nichtig in den Abgrund, denn nur Jesus Christus allein hat die Schlüsselgewalt über den Tod und die Welt des Todes. «Als ich ihn sah, fiel ich vor seinen Füßen nieder wie tot; da legte er seine Rechte auf mich und sagte: Fürchte dich nicht! Ich bin es, der Erste und der Letzte und der Lebendige. Ein Toter bin ich gewesen, doch nun bin ich lebendig in alle Ewigkeit, und ich habe die Schlüssel des Todes und der Unterwelt» (Offenbarung 1,17–18).

Auferstehungsleben strömt auf die Ergriffenen über. Auch uns möchte der Herr aus der Tiefe ziehen, auch uns hat er aus dem Reich des Todes zum Leben gerufen. Sich von Christus ergreifen lassen, heißt glauben. Wenn wir uns jedoch seiner entgegenkommenden liebenden Hand entziehen, bleibt alle Anstrengung zu glauben unwirklich. Nur durch Hingabe an ihn, der der Schlüssel zum wahren und ewigen Leben ist, geschieht die wunderbare Verwandlung vom Tod zum Leben, indem er selbst uns mitnimmt in dieses unbegreifliche göttliche Tun. Durch ihn und mit ihm und in ihm erfüllt sich die Hoffnung, dass alle Schuld und alles Leid verwandelt wird in Heil und Segen für jeden Einzelnen von uns.

Herr Jesus Christus,
du hast uns durch deinen Tod
und deine Auferstehung die Tür zum Leben aufgetan,
die niemand mehr schließen kann.

Komm, Herr Jesus, ergreife unsere Hände
und befreie uns aus der Finsternis
und dem Schatten des Todes.

Ich lege ihm den Schlüssel des Hauses David auf die Schulter.
Wenn er öffnet, kann niemand schließen;
wenn er schließt, kann niemand öffnen.

Ich habe dich geschaffen und dazu bestimmt,
den Gefangenen zu sagen: Kommt heraus!,
und denen, die in der Finsternis sind:
Kommt ans Licht!
(vgl. Jesaja 22,22; 49,8–9)

Im Apostolischen Glaubensbekenntnis beten wir: «Ich glaube an Jesus Christus, hinabgestiegen in das Reich des Todes, am dritten Tage auferstanden von den Toten.» Geht es hier nicht um die Hoffnung, dass alle Bereiche des Lebens Wandlung und Erlösung finden? In der frühen Kirche vertrat Origenes (um 185 bis 254) die Lehre, dass am Ende durch das Erlösungswerk Jesu Christi auch die Hölle aufhören wird. Ist dies nicht eine faszinierende und hoffnungsstarke Botschaft, dass einmal alles aufhört, was das Leben zur Hölle machen kann, und alle Geschöpfe Gottes Nähe und Gottes Liebe erfahren?

Freut euch! Freut euch, ihr heiligen Apostel!
Denn es erglänzt das Licht der Auferstehung.
Freue dich! Freue dich, heilige Jungfrau!
Denn es ist erstanden dein Sohn, der König
des Himmels und der Erde.
Heute mögen sich freuen das gläubige Volk,
das neue Israel der Christen,
denen Christus seine Braut (die Kirche) gab;
man soll Hymnen singen in ihr in der Weise der Engel.
Die Himmlischen singen heute Hymnen;
denn du bist der Herr, der König des Himmels und der Erde.
Deswegen rühmen wir ihn, rufen laut und sprechen:
Sei gepriesen, Herr Jesus, denn du bist erstanden
und hast uns errettet.
(Ostergesang in den Pascha-Büchern, nach M. Cramer)

II. Begegnung mit Henri Nouwen

Die Reise nach Israel

Nach dem plötzlichen Unfalltod meines Vaters musste ich mein Studium abbrechen, um die elterliche Firma weiterzuführen. Vater hätte es gern gesehen, wenn er mich schon zu seinen Lebzeiten in seine Arbeit hätte einweisen können. Er war ein starker Mann, und ich befürchtete in jungen Jahren, mich in seiner Gegenwart nicht genügend selbst entfalten zu können. Wahrscheinlich habe ich ihm damit sehr weh getan. Er hat es niemals mir gegenüber gezeigt, doch belastet hat es mich schon, ihn so enttäuschen zu müssen. Ich habe mich oft gefragt, wie weit ich gegen das vierte Gebot verstoße – damals war die Notwendigkeit zur Selbstverwirklichung noch relativ unbekannt, und auch die Wege dazu waren in der Psychologie noch zu wenig erforscht. Nach Vaters Tod jedoch war all das sekundär, und es hieß für mich jetzt nur, so gut wie möglich seine Nachfolge anzutreten.

Nach zwölf Jahren hatte ich endlich die Möglichkeit, aus der Textilfirma auszusteigen, um meinen langjährigen Wunsch, Priester zu werden, zu verwirklichen. Nach einigen Semestern in Münster wechselte ich an die Philosophisch-Theologische Hochschule in Brixen/Südtirol. Meine Freude war unendlich groß, als uns Studenten ein Semester neutestamentliche Exegese in Israel durch unseren Professor Wilhelm Egger, dem späteren Bischof von Bozen-Brixen, in Aussicht gestellt wurde. Im Frühjahr 1979 starteten wir von Rom aus.

Infolge der Studien – meist an historischen Plätzen – bleib wenig Zeit für Persönliches. Auf dem Rückweg in unser Quartier entdeckte ich eines Tages in Jerusalem einen Laden, der Ikonen ausgestellt hatte. Schon im Vorübergehen war ich fasziniert von dem, was ich gesehen hatte, und beschloss, in freien Stunden wieder hierherzukommen.

So lernte ich einige Tage später den Ikonengaleristen Michael Benham kennen. Ich brachte viel Zeit mit, da wir diesen Nachmittag für uns selbst zur Verfügung hatten. Es war ein sehr schlichter und unscheinbarer Laden, doch was er beinhaltete, ließ mein Herz höherschlagen: Ikonen über Ikonen, echte Ikonen älteren und jüngeren Datums. Meine Seele jubelte beim Schauen. Obwohl ich nicht vorhatte, mir eine Ikone zu kaufen, entwickelte sich langsam der Gedanke, es doch zu tun, und einen Teil meines Reisegeldes hierfür zu verwenden. Unter diesem neuen Aspekt betrachtete ich jetzt die Ikonen noch intensiver und länger. Diejenigen mit den Darstellungen vieler Heiliger – Heilige, von denen ich noch nie etwas gehört hatte – schieden aus, ebenso szenische Darstellungen aus dem Alten und dem Neuen Testament, die viele Personen auf der Tafel zeigten, aber kaum ausdrucksstarke Gesichter. Somit konzentrierte ich mich auf Ikonen der Gottesmutter und Christi als Pantokrater (Allherrschender). Letztere stellen Christus dar, die Rechte lehrend oder segnend erhoben, während die Linke ein aufgeschlagenes Buch hält. Darstellungen Christi als Kosmokrator, der Herr, der über den Himmeln thront, beeindruckten mich in besonderer Weise.

Viele Fragen hatte ich an Mr. Benham – er sprach gut Englisch –, die er mir sämtlich beantworten konnte, und ich staunte über seine Kenntnisse und dass es so viel zur Vielfalt der Ikonen zu sagen gibt. Er erklärte mir auch beim Pantokrator den Unterschied zwischen einer rein herrscherlichen Bildaussage und Aussagen, die dem Betrachter Heil versprechen und vermitteln. Und dann erfuhr ich von ihm, woher die Ikonen kamen, das heißt, wo sich das Original befindet, von dem sie abgeschrieben wurden.

Als andere Kunden den Laden betraten und ich wieder für mich war, hatte ich das starke Bedürfnis, vor einigen Ikonen zu beten. Dies wurde zu einer durchaus neuen und dichten Erfahrung für mich. Ein Bild der Gottesmutter im roten Gewand sprach mich besonders und immer wieder an. Ihr Blick berührte und verfolgte mich, und ich konnte mir nicht erklären, warum. Als ich wieder mit Mr. Benham allein war, zeigte ich auf diese Ikone und sagte, dass sie einen Kontakt zu mir hergestellt habe, was von mir nicht beabsichtigt war. «Genauso muss es sein, wenn es eventuell ‹Ihre Ikone› werden soll», sagte er ganz gelassen zu mir – und ich hatte den Eindruck, dies sagte er ohne jegliche Verkaufsabsicht.

Von nun an gehörte diese Gottesmutter-Ikone mir, innerlich. Ich kam nicht mehr von ihr los. Wir sprachen dann über Möglichkeiten, sie unauffällig durch den Zoll zu bekommen, und über die Bezahlung. So schwer es mir fiel: Ich wusste, dass man in südlichen Ländern handeln muss, und tat es. Das Angebot eines Schecks fand keine große Resonanz, doch als ich anbot, am nächsten Tag Bargeld mitzubringen, reduzierte Mr. Benham noch einmal den Preis. Als ich ihn und die Ikonen verließ, schien es mir für Momente endlos, einen ganzen Tag und eine Nacht warten zu müssen, ehe ich die «Meine» abholen konnte.

Von unserer Studiengruppe hatte ich zu niemandem davon gesprochen, ich wollte dieses Geheimnis und die heimliche Freude für mich bewahren.

Die Ikone der «Gottesmutter mit den drei Händen»

Da Michael Benham seine Ikonengalerie erst gegen Mittag öffnete, hatte ich genügend Zeit, in der Mittagspause – da wir frühmorgens mit den Studien begannen und es zudem sehr heiß war, fiel sie sehr lang aus – mir das nötige Geld von der Bank zu holen und mich auf den Weg zu machen. Und dann passierte es: Vor Aufregung und Vorfreude verlor ich die Orientierung und wusste nicht mehr, in welche Richtung ich gehen musste. Alles um mich herum erschien mir auf einmal so fremd, hektisch und laut. An wen sollte ich mich wenden? Nach vergeblichem Fragen – es waren alles Touristen, die mir begegneten – sprach ich einen Polizisten an, der inmitten einer großen Straßenkreuzung den Verkehr regelte. Zu meiner Beruhigung hatte ich inzwischen auch die Visitenkarte der Ikonengalerie gefunden, sodass mir der Polizist problemlos durch Gestik den Weg dorthin beschreiben konnte.

Mr. Benham sagte mir, dass er nicht im geringsten daran gezweifelt hätte, dass ich wiederkommen würde. Er hatte für mich die Ikone besonders exponiert aufgestellt und sie entsprechend beleuchtet, sodass sie für mich eine noch größere Ausstrahlungskraft und gleichzeitig eine noch größere Anziehung besaß. Die Begrüßung kam mir vor wie ein kleines Fest und ich hätte am liebsten in diesem Augenblick vor der Muttergottes schweigend gebetet. Doch Mr. Benham unterbrach die kurze Stille und sagte: «Fällt Ihnen denn eigentlich auf dieser Ikone nichts Besonderes auf?» Wie ich es vom Vortag gewohnt war, schaute ich mir nochmals alle Details an und antwortete «Nein».

«Es ist eine ganz selten vorkommende Ikone, die Sie ausgesucht haben, und ich habe in den letzten Jahren nur zwei davon erwerben können.» Die Situation wurde recht spannend, und ich hatte den Eindruck, dass er mich auf die Probe stellen wollte. Doch noch immer entdeckte ich keine Besonderheit auf dem Bild. «Nun ja, dann will ich es Ihnen sagen: Die Gottesmutter besitzt drei Hände!»

Jetzt, da ich darauf aufmerksam gemacht wurde, sah ich es auch und war beschämt, dass ich diese Eigenart nicht vorher selbst entdeckt hatte. Auf einmal wurde mir die Ikone noch lieber und ich fragte spontan: «Warum hat sie drei Hände?» «Das kann ich Ihnen leider nicht genau sagen. Ich weiß aber, dass die ursprüngliche Ikone syrisch ist und von Johannes von Damaskus stammt. Diese hier zeigt griechischen Einfluss und wurde im 18. oder 19. Jahrhundert gemalt. Ich sagte Ihnen schon, dass dieser Ikonentyp relativ selten ist und ich in letzter Zeit noch eine zweite Ikone diesen Typs in meiner Ausstellung hatte. Diese ‚Gottesmutter mit den drei Händen' hat Henri Nouwen erworben, der sie mit nach Amerika nahm. Er war – ähnlich wie Sie – von dieser Ikone ganz fasziniert und sagte, dass sie ihn innerlich sehr berühre.»

Was waren das für sonderbare und schöne Zusammenhänge, die diese Ikone mit sich brachte? Während Mr. Benham sie behutsam einpackte, fragte er mich, ob ich Henri Nouwen kennen würde – er sei des Öfteren zu ihm gekommen und sie hätten sich lange und intensiv unterhalten. Ich sagte, dass ich ihn von seinem Tagebuch, das er im Trappistenkloster geschrieben hat, kenne und dass dieses Buch und seine Person mich sehr beeindruckt hätten. Gleichzeitig wunderte ich mich darüber, wie einfach und schnell die «Gottesmutter mit den drei Händen» eine Verbindung zwischen Henri Nouwen und mir hergestellt hatte! Ich fand dies einmalig und zudem war die Verbindung noch völlig unausgesprochen.

Die Zeit war vorgerückt, und nachdem ich das notwendige Entgegenkommen auf den Tisch gelegt hatte, verabschiedete ich mich von Mr. Benham mit einem kräftigen Händedruck und verließ freudig und dankbar, aber auch ein wenig stolz, die Ikonengalerie. Den Weg zurück zu unserem Jerusalemer Quartier fand ich diesmal mühelos und wie von selbst.

Die Einzelheiten des Ikonenkaufs und das Gespräch mit Michael Benham kann ich so detailliert und wortgetreu wiedergeben, da ich während unseres Studienaufenthaltes in Israel Tagebuch führte.

Von der Hochschule in Brixen aus schrieb ich später Henri Nouwen einen Brief und erzählte ihm von meiner Ikone der «Gottesmutter mit den drei Händen» und von meiner «Begegnung mit ihm». Gleichzeitig fragte ich ihn, ob er mir etwas über die Entstehungsgeschichte unserer beiden artverwandten Ikonen sagen könne.

Der erste Brief

Es ist sehr interessant für mich, ja, spannend, was Sie mir geschrieben haben. Vor allem freut es mich, dass Sie Michael Benham begegnet sind. Es bewegt mich innerlich sehr, dass wir beide miteinander in Kontakt gekommen sind, weil jeder von uns in der Ikonengalerie von Michael Benham in Jerusalem eine antike Ikone der «Gottesmutter mit den drei Händen» erworben hat. Damit Sie meine Ikone kennenlernen, würde ich Ihnen gern beim nächsten Mal einige Abbildungen mitschicken.

Darüber hinaus möchte ich Ihnen erfreulicherweise sagen, dass meine Nachforschungen über die Ikone der «Gottesmutter mit den drei Händen» erfolgreich waren. Ich kann mir vorstellen, dass diese Ergebnisse Ihnen bei der Suche nach dem tieferen Sinn dieser wohl recht ungewöhnlichen Ikone hilfreich und von Nutzen sein können. In meinem nächsten Brief werde ich Ihnen von ganz erstaunlichen Zusammenhängen berichten, und selbstverständlich auch immer dann, wenn ich etwas Neues erfahre.

Dann möchte ich Ihnen noch zwei meiner Bücher senden «Reaching Out» (Der dreifache Weg) und «Clowning in Rome» (Gottes Clown sein).

Meine Arbeit an der «Yale Divinity School» für das kommende Schuljahr ist nahezu abgeschlossen und sofort danach werde ich mich in die Stille zurückziehen.

Ich hoffe, dass wir in guter Verbindung bleiben. Seien Sie versichert, dass meine Gebete Sie begleiten. Ich hoffe, dass wir uns eines Tages auch persönlich begegnen.

Brief von Henri Nouwen, The Divinity School, Yale University, New Haven, Connecticut, 19. Mai 1980

Der zweite Brief

Der zweite Brief von Henri Nouwen ließ nicht lange auf sich warten. Als Herr Ambros, der sich damals noch «Portier des Priesterseminars» nannte, mich eines Morgens, als ich an seiner Loge vorbeiging, zu sich rief, steckte er mir – bevor er allgemein die Post verteilt hatte – einen Brief aus den Vereinigten Staaten mit auffallend schönen Briefmarken zu. Ich wusste sofort, wer ihn geschrieben hatte, doch öffnete ich ihn vorerst nicht. Erst wollte ich das Seminar besuchen, denn beim Öffnen und Lesen des Briefes sollte doch meine Ikone der Gottesmutter anwesend sein.

Wie versprochen, lege ich diesem Brief einige Bilder bei von der Ikone der wundertätigen «Gottesmutter mit den drei Händen». Ich habe diese wunderbare Ikone im August 1978 von Michael Benham aus der Ikonengalerie in Jerusalem erworben, aus der auch Ihre Ikone stammt.

Meine Ikone hat jetzt einen zentralen Platz im Kapitelsaal des Trappistenklosters Genesee im Staat New York gefunden.

Brief von Henri Nouwen, The Divinity School, Yale University,
New Haven, Connecticut, 7. Juni 1980

Nachdem ich mir lange die Bilder der Ikone von Henri Nouwen angeschaut hatte, verglich ich sie mit der meinen und stellte viele Ähnlichkeiten fest. Doch noch immer wusste ich nicht um die Bedeutung der dritten Hand der Gottesmutter. In der Literatur, die mir im Priesterseminar in Brixen zur Verfügung stand, fand ich keinen einzigen Hinweis auf eine Ikone, auf der Maria mit drei Händen dargestellt wird.

MP
ΘY

Die drei Hände der Gottesmutter unterstreichen ihren Ruf, der an alle geht, Jesus Christus nicht nur in den Blick, sondern auch in unser Herz aufzunehmen. Denn er, ihr göttlicher Sohn, möchte uns zum Haus Gottes geleiten, das reine Liebe ist und in dem wir beheimatet sind.

Henri Nouwen

Gottesmutter mit den drei Händen
Griechenland, 19. Jahrhundert
Im Besitz von Henri Nouwen, heute in der Trappistenabtei Genesee

Ich wartete also gespannt auf den nächsten Brief von Henri Nouwen, denn er hatte ja angekündigt, mich an seinen erfolgreichen Nachforschungen teilhaben zu lassen.

Das größte Foto, im Format einer Postkarte, das er mir geschickt hatte, stellte ich neben meine Ikone. Dann las ich noch einmal seinen Brief, und erst jetzt, beim zweiten Lesen, realisierte ich, dass er sich von seiner Ikone getrennt und sie dem Trappistenkloster Genesee geschenkt hatte. War das nicht das Kloster, in dem Nouwen sieben Monate verbracht und sein großartiges geistliches «Genesee Tagebuch» geschrieben hatte, das unter dem Titel «Ich hörte auf die Stille» zu meinen Lieblingsbüchern der letzten Zeit gehörte? Ich hatte es bei meiner Übersiedlung von Westfalen mit nach Italien genommen, um in stillen Zeiten immer wieder einmal darin zu lesen und damit zu beten. Durch die Briefe und besonders durch die Ikonen bekam dieses Buch auf einmal eine noch aktuellere Bedeutung für mich.

Ich freute mich darauf, in der nächsten freien Zeit darin zu lesen, um Näheres von diesem Trappistenkloster zu erfahren, in dessen Kapitelsaal jetzt die Ikone der «Gottesmutter mit den drei Händen» verehrt wird.

Die Abtei Genesee wurde im Jahr 1951 von Mönchen gegründet, die aus der Abtei Gethsemani in Kentucky kamen. Im Tal von Geneseo – benannt nach einem alten indianischen Namen – im Norden des Staates New York errichteten sie in einem einfachen Bungalow-Stil ihr neues Trappistenkloster. Von Juni 1974 bis zum Dezember lebte Henri Nouwen als «Mönch auf Zeit» zusammen mit den ungefähr dreißig Mönchen dieses Klosters. In diesem Jahr wurde die Kirche errichtet, an deren Bau alle Mönche und Gäste des Klosters beteiligt waren. Unter seiner Eintragung von Montag, 22. Juli, lese ich:

«Heute habe ich bei meinem Treffen mit John Eudes über meine Beziehung zu Maria, der Mutter Gottes, gesprochen. In meiner Kindheit spielte sie eine sehr wichtige Rolle in meiner religiösen Entwicklung. Die Andachten im Mai und Oktober, die in unserer Familie gepflegt wurden, sind ein fester Bestandteil meiner Kindheitserinnerungen. Wir bauten kleine Altäre, sangen Lieder, beteten Rosenkränze und schienen Freude daran zu haben. Aber nach meinen Seminarjahren entwickelte sich in den Kreisen, in denen ich lebte, eine gewisse Abneigung gegen diese Frömmigkeitsformen, und Maria, die Mutter Jesu, wurde in meinem religiösen Leben immer unbedeutender.

Aber diese Woche ist sie ‹zurückgekommen›. Nicht durch irgendeinen bewussten Versuch, meine Marienverehrung wieder aufleben zu lassen, oder durch ein Buch oder irgendeinen Rat, sondern ohne jede Einmischung von außen habe ich sie mitten im Herzen meiner Suche nach einem stärker kontemplativen Leben gefunden. Wenn etwas dazu beigetragen hat, dann war es die Ikone ‹Unsere Liebe Frau von Vladimir› in der Abteikapelle. Ich konnte meine Augen nicht mehr von diesem anmutigen Gemälde abwenden …

Mit einem irgendwie traurigen, melancholischen Blick sieht Maria den Betrachter an und weist mit ihrer rechten Hand auf das Kind, das sie auf ihrem linken Arm trägt. Das Kind umarmt sie mit einer sehr zärtlichen Geste. Die Innigkeit der Umarmung des Kindes kommt durch die kleine Hand zum Ausdruck, die unter dem Schleier auf Mariens Haupt hervorschaut und liebevoll ihre linke Wange berührt. Das Kind sieht aus wie ein kleiner Erwachsener in einem Mönchshabit.

Ich verweile im Augenblick dieser intimen Szene, und Friede strömt in meine Seele. Maria spricht zu mir von Jesus. Sie lenkt mich zu ihm, aber ohne besorgte Warnungen, ohne energische Anrufe, ohne fordernden strengen Blick. Es ist, als wollte sie sagen: ‹Sieh, er, der dein Herr und dein Heil ist, ist um deinetwillen klein und verwundbar geworden. Warum kommst du nicht näher und hörst zu, was er dir sagen will?› Zugleich scheint es, als wolle sie mich einladen, an der Intimität zwischen ihr und dem Kind teilzuhaben …

Maria hilft mir, wieder mit der empfänglichen, kontemplativen Seite meines Wesens in Berührung zu kommen und zu meiner einseitig aggressiven, feindseligen, machtlüsternen, konkurrenzneidischen Haltung ein Gegengewicht zu finden …

Ich hoffe und bete, dass ich durch die wiedererwachte Verehrung Mariens, der Gottesmutter, meiner anderen Seite zum Wachstum und zur Reife verhelfen kann, damit meine Ichbezogenheit, mein Argwohn und mein Zorn abnehmen und ich fähiger werde, Gottes Gaben zu empfangen, fähiger, ein Kontemplativer zu werden, fähiger, Gottes Herrlichkeit in mir wohnen zu lassen, so wie sie zutiefst in Maria gewohnt hat» (Ich hörte auf die Stille, 74–76).

Ich schaue auf das Bild der Ikone der «Gottesmutter mit den drei Händen» von Henri Nouwen, das sich an meine Ikone anlehnt. 1974 hat er mit den eben zitierten Worten in der Abtei-Kapelle von Genesee vor der Ikone der Gottesmutter von Vladimir gebetet, die auch bekannt ist unter dem Namen «Unsere Liebe Frau der Zärtlichkeit», und diese tiefgreifende Erfahrung gemacht. Wie hat doch die «Gottesmutter mit den drei Händen» eine ganz andere Ausstrahlung und Aussage! Sie ist weitaus zurückhaltender und will entdeckt werden. Vier Jahre später, 1978, schenkte Henri Nouwen sie den Trappisten, die sie von da an in ihrem Kapitelsaal verehren.

Um ganz ehrlich zu sein: So tief gelang es mir nicht, in das Wesen der Ikone einzusteigen, ja, ich vermochte es kaum, vor ihr zu beten. Ich war einfach zu sehr damit beschäftigt, endlich dem Geheimnis der drei Hände auf die Spur zu kommen.

Der dritte Brief

Im Mai 1979 erreichte mich ein wichtiger Brief, der das Geheimnis um die «Gottesmutter mit den drei Händen» aufdeckt. Ich war in dem Jahr noch einmal für eine längere Zeit, vom 18. Februar bis zum 15. August, in der Abtei Genesee bei den Trappisten und «unserer» Ikone. Von dort führte ich auch die Korrespondenz.

Pater Pennington hat ein gutes Auge für Ikonen. In einem Gespräch erinnerte er sich, dass die älteste oder Original-Ikone der «Gottesmutter mit den drei Händen» sich im Athoskloster Chiliandar befindet. Ich schrieb dorthin und legte ein Bild unserer Ikone mit in den Brief. Nach erstaunlich kurzer Zeit bekam ich schon eine Antwort – allerdings in einer Sprache, deren Buchstaben ich nicht einmal entziffern konnte. Da ich inzwischen einiges über die Athosklöster gelesen hatte, wusste ich, dass Chiliandar ein serbisches Kloster ist. Und so stellte es sich auch heraus: Der Brief war in serbischer Sprache geschrieben. Ich fand in Rochester eine Möglichkeit, ihn übersetzen zu lassen. Eine Kopie dieser Übersetzung möchte ich Ihnen heute senden.

Ich würde mich freuen, bald von Ihnen wieder zu hören.

Brief von Henri Nouwen, Our Lady of the Genesee Abbey,
Piffard, New York, 15. Juni 1980

Verehrter Freund,

ich erhielt Ihren Brief mit dem Bild der Ikone der allheiligen Gottesmutter. Ich kann Ihnen Folgendes über diese Ikone berichten.

Wie Sie bereits vermutet haben, stammt sie aus Griechenland und wurde im 19. Jahrhundert gemalt. Es ist eine Abschrift (gewiss keine ganz genaue) der dreihändigen Madonna, die sich als Original in unserem Kloster Chiliandar auf dem Heiligen Berg Athos befindet. Nach der traditionellen Überlieferung hat das Original der heilige Johannes von Damaskus im 8. Jahrhundert gemalt. Es war seine ganz persönliche Ikone, vor der er gebetet hat. Es ist bekannt, dass Johannes von Damaskus in der Zeit des Bilderstreits lebte. Da er ein furchtloser Verteidiger der Ikonen-Verehrung war, sowohl durch seine Worte als auch durch seine Schriften, nahm dies der bilderfeindliche byzantinische Kaiser zum Anlass, Johannes beim Kalifen von Damaskus zu verleumden. Daraufhin befahl der Kalif, Johannes von Damaskus die rechte Hand abzuschlagen, sodass dieser keine weiteren Schriften zur Verteidigung der Ikonen mehr verfassen konnte.

Nachdem seine Hand abgeschlagen war, ergriff Johannes sie mit der Linken und trat vor die Ikone der allheiligen Gottesmutter. Dann presste er die Hand fest auf seine rechte Armwunde und betete unter Tränen um Heilung.

Johannes von Damaskus fiel anschließend in einen Traum, und als er erwachte, stellte er tatsächlich fest, dass seine Hand wieder angewachsen und geheilt war. Als Zeichen großer Dankbarkeit gegenüber der allerheiligsten Gottesmutter formte er daraufhin eine Hand aus Silber und befestigte sie an seiner Ikone. Seit dieser Zeit wird die Ikone die «Ikone mit den drei Händen» genannt.

Als der heilige Johannes von Damaskus Mönch im St. Sabbaskloster in der Nähe von Jerusalem geworden war, nahm er die Ikone mit. Dort blieb sie noch lange nach seinem Tod.

St. Sava von Serbien, der im 13. Jahrhundert das Kloster Chiliandar gründete, erhielt diese Ikone als Geschenk und nahm sie mit nach Serbien. Nach vielen Unruhen während der osmanischen Zeit gelangte die Ikone dann auf wundersame Weise – sie wurde von einem Esel getragen – ins Kloster Chiliandar. Hier befindet sich die Ikone noch heute. Sie wird verehrt als «Äbtissin» (Igoumaneja) des Klosters. So weit also das Geschichtliche.

Bitte entschuldigen Sie vielmals, dass ich in Serbisch schreibe. Meine Englischkenntnisse sind verhältnismäßig bescheiden, sodass ich nicht fähig bin, Ihnen in Englisch die Geschichte der Ikone und die Ereignisse um dieses Bild zu beschreiben, wonach Sie mich ja gefragt haben.

Ich grüße Sie herzlich und wünsche Ihnen das Allerbeste vom auferstandenen Christus.

CHRISTUS IST AUFERSTANDEN

Mit besonderer Hochachtung

Pater Chrysostomus

Brief an Henri Nouwen von Pater Chrysostomus,
Mönch von Chiliandar, 14. Mai 1979

Johannes von Damaskus

Die Legende, von der Pater Chrysostomus aus dem serbischen Athoskloster Chiliandar spricht, erklärt, warum die Ikone der Gottesmutter nach dem Wunder, das Johannes von Damaskus mit seiner rechten Hand erlebte, von dieser Zeit an mit drei Händen gemalt wurde. Meine Ikone, die als einziges Bild in meinem Zimmer des Priesterseminars hing, steht also in einer Tradition, die mit Johannes von Damaskus beginnt. In der wunderschönen alten Bibliothek der Philosophisch-Theologischen Hochschule in Brixen fand ich neben den Werken des Johannes von Damaskus in griechischer Sprache auch einige Angaben über sein Leben, die mich jetzt in besonderer Weise interessierten.

Leider sind nur wenige Einzelheiten aus seinem Leben bekannt. Johannes wurde um 650 in einer syrischstämmigen Damaszener Familie geboren. Sein Vater war Finanzminister unter dem Kalifen von Damaskus. Während dieser Zeit erhielt sein Sohn eine Ausbildung als Schriftsteller und Dichter. Später trat er dann wie sein Vater in den Dienst des Kalifen von Damaskus. Der byzantinische Kaiser Leo III. der Syrer (695–741) schützte Europa zwar gegen das Vordringen des Islams, doch entfachte er als Urheber den Bilderstreit und verfolgte gnadenlos alle Bilderverehrer. Johannes, der sehr unzufrieden mit der kaiserlichen Politik war, kritisierte durch Predigten und Schriften, die er verfasste, die ikonoklastische (ikonenfeindliche) Vorgehensweise des Kaisers. Als dieser die Zerstörung aller Ikonen befahl, widersetzte sich vehement der Damaszener. Der Kaiser war darüber so erbost, dass er einen an ihn gerichteten Brief mit dem Rat, den Kalifen von Damaskus abzusetzen, dem Johannes unterschob. Der Kaiser ließ diesen Brief in der Handschrift des

Johannes abschreiben, fälschte die Unterschrift und ließ ihn dem Kalifen von Damaskus überbringen.

Der Kalif, der die Handschrift für echt hielt, ließ Johannes zur Strafe die rechte Hand abschlagen. «Auf diese Weise», so wird wörtlich überliefert, «wurde die Hand, die zuvor im Kampf gegen die Feinde des Herrn mit Tinte befleckt war, rot gefärbt durch ihr eigenes Blut.»

Die abgeschlagene Hand wurde zur Abschreckung für andere Ikonenverehrer an einem öffentlichen Platz aufgehängt. Johannes litt so unsagbare Schmerzen, dass er weder ein noch aus wusste. Schließlich bat er den Kalifen, er möge ihm seine Hand zurückgeben lassen. Der Kalif ließ sich erweichen. In seiner Not trat Johannes mit der abgeschlagenen Hand vor die versteckt gehaltene wundertätige Ikone der Gottesmutter und flehte sie an, ihm Heilung zu schenken, damit er die Verteidigung der Ikonen wieder aufnehmen könne. Die Ikone begann zu leuchten und die Gottesmutter versprach, ihn zu heilen. Gleichzeitig gab sie Johannes den Auftrag, die geheilte Hand «als das Rohr eines rasch schreibenden Schreibers zu benützen, um Hymnen an Christus und die Gottesmutter zu verfassen».

Während Johannes schlief, soll eine Hand aus der Ikone hervorgekommen sein, die die verblutete Hand des Johannes wieder mit dem Stumpf zusammenfügte. Die Hand wuchs an und die Wunde verheilte, doch blieb eine rote Linie um das Handgelenk sichtbar, als Zeichen für das, was sich ereignet hatte. Als der Kalif von diesem Wunder erfuhr, hegte er zunächst den Verdacht, dass man nicht Johannes, sondern jemand anderem die Hand abgeschlagen habe. Als er sich jedoch persönlich überzeugte und das rote Band an der Schnittstelle am rechten Handgelenk sah, glaubte er an das Wunder und bat Johannes um Verzeihung.

Aus Dankbarkeit ließ Johannes von Damaskus eine silberne Hand fertigen und befestigte sie an der Ikone. Daher erhielt sie ihren Namen «Ikone der Gottesmutter mit den drei Händen», auf Griechisch: die «Tricherusa». Diese Legende ist in die Ikonographie eingedrungen.

Typisch für diese Ikone ist, dass das Gewand der Gottesmutter mit großen Blattmotiven verziert ist; das Haar unter ihrem Schleier hat eine tiefschwarze Farbe, sie trägt das Kind, das eine majestätische Haltung einnimmt, auf ihrem rechten Arm, und der Heiligenschein der Gottesmutter ragt weit über den Bildrand hinaus.

Als sich später in Damaskus mehr und mehr ein antichristlicher Kurs durchsetzte, verließ Johannes den Hof des Kalifen, um Mönch zu werden. Mit seinem Adoptivbruder Kosmas zog er sich in das Kloster des heiligen Sabbas zurück, das in der Wüste nahe bei Jerusalem lag. Johannes nahm die Ikone mit, und fast vierhundert Jahre bleib sie dort.

Das Sabbaskloster ist eines der ältesten Klöster Palästinas. Es entstand um 483 um die von dem Mönchsvater Sabbas (439–532) bewohnte Höhle an der westlichen Felswand des Kidrontales.

In Jerusalem ergänzte Johannes von Damaskus seine theologische Ausbildung und wurde vom Patriarchen Johannes V. (706–735) zum Priester geweiht. Besonders im Bilderstreit holte der Patriarch sich oftmals Rat und Hilfe bei Johannes. Bis ins hohe Alter von ungefähr 104 Jahren arbeitete er in strenger Disziplin an seinen Werken. Vor 754 starb Johannes von Damaskus und wurde im Sabbaskloster beigesetzt. In der östlichen Tradition wurde er schon immer als Kirchenvater angesehen. Die Römische Kirche dagegen erklärte Johannes von Damaskus erst im Jahr 1890 zum Kirchenvater.

Die drei berühmten Reden «Gegen die Verleumder der heiligen Ikonen» machten Johannes von Damaskus zum klassischen Theologen der Bilderverehrung. Die erste Verteidigung der Bilderverehrung schrieb er im Jahr 726, nachdem Kaiser Leo III. das Edikt gegen die Bilderverehrung erlassen hatte. Die Wahrheit über die Verehrung der Ikonen stand ihm höher als die Hoheit des Kaisers. Der Anlass seiner zweiten Rede, die Johannes von Damaskus im Jahr 730 schrieb und hielt, war die Forde rung des Kaisers, alle Ikonen zu zerstören. Er spricht dem Kaiser das Recht ab, sich in kirchliche Angelegenheiten einzumischen, und verlangt die Freiheit der Kirche von der Staatsgewalt. Die darauf folgende dritte Bilderrede ist eine systematisch-theologische Abhandlung über die Ikonen. Johannes unterscheidet scharf und genau zwischen der nur Gott gebührenden Anbetung und der den Geschöpfen zukommenden Verehrung. Ist die auf einer Ikone abgebildete Person voll der Gnade, dann hat auch der Betrachter und der vor dieser Ikone Betende Anteil an dieser Gnade.

In der Gottesgebärerin ruhte Gott, der allein Heilige. Maria ist Gott ähnlich geworden, daher ist sie am verehrungswürdigsten. Ihr Bild ist das heiligste unter den Heiligen-Ikonen. Die Verehrung der Gottesmutter bezieht sich auf Christus, der durch sie Mensch geworden ist. Die Ehre, die wir ihr erweisen, geht somit auf Gott selbst zurück.

«Weil Gott unsichtbar ist, mach dir kein Bild von ihm. Aber da du sehen kannst, dass der Körperlose einen menschlichen Leib angenommen hat, mache ein Bild der menschlichen Gestalt. Wenn der Unsichtbare im Fleisch sichtbar wird, male das Abbild des Unsichtbaren» (Johannes von Damaskus).

Der Weg der «Tricherusa» zum Athoskloster Chiliandar

Bis ins 12. Jahrhundert blieb die Ikone im St. Sabbaskloster bei Jerusalem, wohin sie Johannes von Damaskus mitgebracht hatte. Hier erwarb sie der heilige Sawa, Erzbischof von Serbien (1219–1234) und jüngster Sohn des serbischen Großfürsten Stephan Nemanja (1168–1196). Als der Großfürst 1196 zugunsten seines zweiten Sohnes abdankte, wurde er Mönch mit Namen Symeon und gründete zusammen mit seinem Sohn Rastko, der sich als Mönch Sawa nannte, um 1198 das Athoskloster Chiliandar. Durch den heiligen Sawa kam somit die Ikone der «Tricherusa» in das Kloster Chiliandar, das zum größten Zentrum der serbischen orthodoxen Frömmigkeit wurde. Die Verehrung der ältesten serbischen Heiligen, des heiligen Symeon und des heiligen Sawa, begann im 13. Jahrhundert in Chiliandar. Auf Ikonen sind sie immer gemeinsam abgebildet.

Eine andere geschichtliche Variante sagt, dass die Ikone des Johannes von Damaskus bis 1371 in Serbien blieb. In diesem Jahr eroberten die Türken in der Schlacht von Maritza das Land. Um die wunderwirkende Ikone der «Gottesmutter mit den drei Händen» vor dem türkischen Einfall zu retten, lud man sie auf den Rücken eines Esels und ließ diesen frei laufen. Der Esel schlug sofort die südliche Richtung ein und begann zu traben. Einige Leute, die bei ihm waren, hatten Mühe, ihm zu folgen. Er rannte pausenlos weiter, bis er das Haupttor des Athosklosters Chiliandar erreicht hatte. Dann fiel der Esel um und starb. Ein wunderbarer Schein ging von der «Tricherusa» aus, der die Mönche des Klosters herbeilockte. Sie erkannten das Wunder und gaben dem Gnadenbild einen Ehrenplatz in der Ikonostase.

Eines Tages brach unter den Mönchen ein heftiger Streit aus um die Neuwahl des Abtes. Am nächsten Morgen bei der Matutin sahen die Mönche voll Erstaunen, dass die Ikone der «Gottesmutter mit den drei Händen» nicht mehr an ihrem gewohnten Platz hing. Sie entdeckten sie auf dem Sitzplatz des Abtes. Sie trugen das Gnadenbild zurück an seinen Platz, und am nächsten Morgen sahen sie es wieder auf dem Sitzplatz des Abtes. Dies wiederholte sich noch ein drittes Mal. Daraufhin kam ein Einsiedler zum Kloster Chiliandar. Er erzählte den Mönchen, dass er eine Vision gehabt habe, in der ihm die Gottesmutter erschienen sei. Um jeglichen Streit um die Neuwahl eines Abtes zu vermeiden – so sagte sie –, werde sie ab sofort den Rang des Abtes einnehmen und das Kloster leiten. Seit dieser Zeit wählt man im Serbenkloster Chiliandar keinen Abt mehr, da die «Tricherusa» «Äbtissin» des Klosters ist. Tatsächlich steht auch heute noch das Gnadenbild auf dem Sitz des Abtes. Auch in der Trapeza, dem gemeinsamen Speisesaal der Mönche, nimmt die «Tricherusa» den Sitz des Abtes ein. Bei jeder Mahlzeit werden ihr die Speisen zuerst vorgesetzt. Die verheerenden Brände, die in den Jahren 1722, 1891 und am 4. März 2004 das Kloster heimsuchten, hat die Ikone der Gottesmutter unbeschadet überstanden. Die Mönche sagen, sie sei aus unverbrennbarem Holz. Jedes Jahr am 28. Juni versammelt sich die Mönchsgemeinschaft des Klosters Chiliandar, um das Fest der «Gottesmutter mit den drei Händen» zu feiern.

Auch wegen vieler anderer Wunder fand die «Tricherusa» in manigfaltigen Abschriften im griechischen Raum, auf dem Balkan und in Russland eine große Verbreitung. Nikon, Patriarch von Moskau (1652–1666), ein hochbegabter Kirchenführer, erbat vom Kloster Chiliandar eine Replik der wundertätigen

«Gottesmutter mit den drei Händen», die am 28. Juni 1663 nach Russland übersandt und im Auferstehungskloster Neu-Jerusalem bei Moskau aufgestellt wurde.

Der vierte Brief

Ich vergaß, Ihnen zu sagen, dass ich mir noch weitere Auskünfte über die Ikone der «Gottesmutter mit den drei Händen» vom «Zentrum für Byzantinische Studien» in Washington erbat. Viel mehr als mir Pater Chrysostomus vom Athoskloster Chiliandar mitgeteilt hat, konnte ich auch hier nicht erfahren. Man verwies mich auf ein in Deutsch erschienenes «Handbuch der Ikonenkunst» von B. Rothemund (München 1966, 251–253), das Ihnen sicherlich zugänglich ist.

Des Weiteren schrieb mir Susan Boyd, die Kuratorin der Byzantinischen Sammlung: «Ihre Ikone scheint eine griechische, eventuell auch eine serbische zu sein. Soweit ich das vom Bild her beurteilen kann, handelt es sich um eine hervorragende Ikone von hoher Qualität. Ohne sie persönlich gesehen zu haben, kann ich nur eine Vermutung anstellen, was das Alter betrifft. Wegen des offensichtlich guten Zustandes und wegen des kunstvoll ausgearbeiteten Musters sowohl auf dem Umhang der Maria als auch auf dem des Kindes – die Muster zeigen eindeutig westlichen Einfluss –, würde ich sagen, dass die Ikone im späten 18. Jahrhundert, wenn nicht gar im 19. Jahrhundert gemalt wurde. Ich würde Ihnen empfehlen, die Ikone Margaret Frazer vom «Metropolitan Museum of Art» in New York persönlich zu zeigen, damit sie Ihnen eine Expertise ausstellen kann.»

Ich habe diesen Aufwand nicht getroffen, denn mir reichen durchaus die Informationen, die ich bisher bekommen habe, da es mir einzig und allein um die Ausstrahlung und die spirituelle Seite der Ikone geht. So habe ich während meines Aufenthaltes in der Abtei Genesee vor dem Bild der «Gottesmutter mit den drei Händen» eine Betrachtung geschrieben, die ich Ihnen gern überreichen möchte.

Brief von Henri Nouwen, The Divinity School, Yale University, New Haven, Connecticut, 21. Juni 1980

Betrachtung der Ikone «Gottesmutter mit den drei Händen» durch Henri Nouwen

«Die Ikone der ‹Gottesmutter mit den drei Händen› auf dem Hintergrund ihrer bewegenden Geschichte anzuschauen und sie meditativ zu betrachten, wurde zu einer tiefgreifenden Erfahrung für mich.

Es ist nicht einfach, diesen inneren Vorgang in Worte zu fassen. Mir kommt es vor, als ob ich auf die Fürsprache der Gottesmutter für Momente in das innere verborgene Leben Gottes hineingehoben würde.

Bei der Begegnung mit Menschen habe ich es mir angewöhnt, zuerst Blickkontakt mit ihnen aufzunehmen. Blicken auch sie mir in die Augen, weiß ich, dass ich angenommen bin. So habe ich auch die ‹Gottesmutter mit den drei Händen› lange angeschaut, doch sie erwiderte meinen Blick nicht. Ich spürte jedoch, dass sie mein Schauen annahm, es jedoch sanft von sich auf ihren göttlichen Sohn lenkte. Diese ihre Geste erinnert mich an die Worte des Täufers: ‹Jener muss wachsen, ich aber muss kleiner werden› (Johannes 3,30) und an ihre eigenen Worte, die sie bei der Verheißung der Geburt Jesu zum Engel spricht: ‹Ich bin die Magd des Herrn› (Lukas 1,38).

Beim näheren Betrachten der Ikone sah ich, dass Maria selbst auf ihren Sohn schaut. Es ist ein zurückhaltender, eher abwartender Blick, jedoch voller Innigkeit und voll des Glaubens. Wie die drei Hände Mariens, so erhalten auch ihre Augen wie ihre gesamte Haltung ihre vielsagende und tiefgreifende Bedeutung durch das Kind.

Beim Beten vor der Ikone und beim längeren Betrachten offenbart sich das Kind als Mittelpunkt des Bildes, auf das alles hingeordnet ist: der Blick und die Kopfhaltung seiner Mutter, die linke Hand, die von der dritten unterstützt wird, die großrankigen Ornamente auf ihrem Gewand und der Saum ihrer Kopfbedeckung, der in den Saum ihres roten Mantels übergeht. All das weist auf das göttliche Kind, in dessen Nimbus das Wort ‹Das Sein› geschrieben steht. Mit der Anordnung der Buchstaben ist das Kreuz Christi gekennzeichnet, das ihn am Ende seines irdischen Lebens erwarten wird. Und somit gibt auch das Kind allem auf dieser Ikone tieferen Sinn. Der Knabe Jesus, der mit reifem Gesichtsausdruck und üppigen Haaren, aufrecht sitzend auf dem rechten Arm der Gottesmutter dargestellt ist, erinnert eher an den Pantokrator (Herr der Heerscharen oder Alleinherrscher) als an ein Kind, das noch der liebenden Gegenwart und der Nähe seiner Mutter bedarf.

Das Kind eröffnet jetzt einen ganz neuen Zugang zur Ikone. Während seine Mutter ehrfurchtsvoll zurücktritt und alles an ihr und in ihr auf den Sohn Gottes verweist, offenbart er sich seiner Mutter und allen Menschen gegenüber als der Machtvollere und Wissendere. Seine rechte Hand hat er zum Segensgruß erhoben, um zu zeigen, dass er es mit allen Geschaffenen und mit allem Geschaffenen unendlich gut meint. In seiner linken Hand hält der Sohn ein kleines verschlossenes Buch, das geradlinig nach unten weist. Später wird er dieses Buch öffnen, daraus vorlesen und nach seinem Tod und seiner Auferstehung als Pantokrator das aufgeschlagene Buch der göttlichen Weisheit allen und der gesamten Schöpfung entgegenhalten.

Auffallend sind die elf Blumenkreise auf seinem Gewand, die jeweils wieder aus sieben Kreisen bestehen. Das Untergewand, das Jesus trägt, scheint dem der Mutter ähnlich zu sein, jedoch grenzen sich die Obergewänder von Mutter und Sohn stark voneinander ab.

Aus der Haltung, dem Gesichtsausdruck und den Gesten des Jesuskindes auf dem Arm seiner Mutter wird mir Gottes liebende Fürsorge für alle Menschen und die gesamte Schöpfung bewusst. Aus der für mich zuerst ‹herrschenden› Bildaussage wird beim langen Schauen auf die Ikone zunehmend eine Heilszusage.

‹Denn herabgeschaut hat der Herr von seinem erhabenen Heiligtum, auf die Erde blickt er nieder vom Himmel, dass er höre der Gefangenen Stöhnen, dass er befreie, die dem Tod geweiht› (Psalm 102,20–21)

Jesus Christus, der Herr, als Kind auf den Armen der Mutter, ist das Fleisch gewordene Wort Gottes, die Quelle aller Weisheit, das Alpha und das Omega der Schöpfung, die Herrlichkeit Gottes. Wie lichtvoll es im Kind, aber auch in der Mutter ist, deutet der goldene Hintergrund an, der die Gegenwart Gottes versinnbildlicht. Ein von oben einfallendes Licht erleuchtet das Gesicht des Kindes, seine rechte segnende Hand und ein wenig auch das Gesicht der Gottesmutter und ihre linke Hand. Es ist das Licht der im Herzen des Kindes und seiner Mutter aufstrahlenden göttlichen Liebe, die die tiefe Verbindung zwischen Mutter und Sohn zum Ausdruck bringt. Diese Verbindung und Verbundenheit zwischen Mutter und Sohn zeigt sich dem Betrachter der Ikone nicht sofort – sie geht ihm erst langsam auf, wenn er vor diesem Bild betet.

Nachweislich ab dem 14. Jahrhundert befindet sich die wundertätige Ikone der ‹Gottesmutter mit den drei Händen› (Tricherusa) im serbischen Athoskloster Chiliandar. Seit dieser Zeit haben sowohl vor dem hochverehrten Gnadenbild als auch vor seinen Nachbildungen unzählige gläubige Menschen aus der ganzen Welt gebetet und die ‹Tricherusa› angefleht, ihnen in ihrer inneren und äußeren Not zu helfen.

Maria tritt mit allem, was sie an Wissen, Weisheit und Gnade von Gott empfangen hat – alles in ihrem Herzen bewahrend – zurück und weist mit einer innerlich starken, doch gleichzeitig verhaltenen Geste auf ihren Sohn. Das Kind scheint aller Umarmung, wie sie auf den meisten Gottesmutter-Ikonen dargestellt wird, entwachsen zu sein. Und doch bedarf es noch eines geheimnisvollen Austausches mit der Mutter. Ihre Liebe geht mit ihrem Sohn bis unter das Kreuz und darüber hinaus bis in die Ewigkeit. Und Jesus schenkt uns nicht nur Vergebung, sein Licht und seine Gnade, sondern auch seine Mutter als Fürsprecherin und Mutter aller Menschen. Wie auf dieser Ikone die Augen und damit die innere Bewegung der Gottesmutter den Betrachter auf das göttliche Kind verweisen, so übergibt Jesus im Todeskampf am Kreuz dem Jünger, den er liebte – und damit auch uns –, seine Mutter mit den Worten: ‹Siehe, deine Mutter!› (Johannes 19,27)

Das Besondere, was diese Ikone von anderen Darstellungen der ‹Gottesmutter mit dem Kind› unterscheidet, sind ihre drei Hände. Vielen Betrachtern der ‹Tricherusa› geht dieses Geheimnis nicht sofort auf. Sie brauchen lange, bis sie die dritte Hand der Gottesmutter entdecken. So erging es auch mir, als ich zum ersten Mal – es war in Jerusalem – vor der ‹Gottesmutter mit den drei Händen› stand. Ich sah zunächst ihre Linke, die über ihrem Herzen liegt und auf Jesus verweist – einladend, damit wir ihm näherkommen und durch ihn Gott erkennen, der uns geschaffen hat und zu dem wir gehören.

Als ich neben der rechten Hand, die Jesus trägt, die dritte Hand entdeckte, die die Linke zu unterstützen scheint, sah ich, dass sie neben den beiden Heiligenscheinen einen dritten geheimnisvollen Kreis bilden: das Haus der Liebe, in dem die Heilige

Dreifaltigkeit wohnt. Durch seine Menschwerdung entsteigt Jesus Christus diesem göttlichen Raum, der – wie der Kreis – kein Anfang und kein Ende kennt, und wendet sich dem Menschen zu. Die elf Kreise auf seinem Gewand, von denen jeder wiederum aus sieben Kreisen besteht, bringen das Geheimnis Gottes vielfältig in die Schöpfung hinein, damit es einem Jeden von uns und überall offenbar werden kann.

Die Hände der Gottesmutter bieten, so wie es ihre innere Berufung und Bestimmung ist, das Kind als Erlöser und Heiland der Welt allen Menschen an, die bereit sind, den Gottessohn Jesus Christus glaubend anzunehmen.

Die Hände der Gottesmutter bilden einen Dreiklang, so als ob sie singen würden: ‹Hochpreist meine Seele den Herrn, und mein Geist jubelt über Gott, meinen Retter!› (Lukas 1,46–47). Doch dies geschieht ganz im Geheimen, im inneren Raum. Trotz der überwältigenden Freude über ihren göttlichen Sohn weiß Maria, was es heißt, arm und auf der Flucht zu sein, im Ungewissen zu leben, nicht verstanden zu werden, unter dem Kreuz zu stehen und Gefühle zu haben, die sie niemandem offenbaren kann. Deshalb ist sie nicht nur liebende Mutter für ihren Sohn, der gekreuzigt wurde, sondern für alle Menschen, denen Leiden und Schmerzen in dieser Welt nicht erspart bleiben.

Die drei Hände der Gottesmutter unterstreichen ihren Ruf, der an alle geht, Jesus Christus nicht nur in den Blick, sondern auch in unser Herz aufzunehmen. Denn er, ihr göttlicher Sohn, möchte uns zum Haus Gottes geleiten, das reine Liebe ist und in der wir beheimatet sind.»

Der fünfte Brief

In einem Dankesbrief an Henri Nouwen fragte ich ihn, ob er es mir erlauben würde, unsere gemeinsame Geschichte der «Tricherusa» zu veröffentlichen. Ich bat ihn ferner darum, sowohl seine Briefe – die persönlichen Worte an mich ausgenommen – als auch die Anlagen seiner Briefe und ganz besonders seine geistliche Betrachtung herausgeben zu dürfen. In seinem nächsten Brief gibt er mir Antwort.

Vielen Dank für Ihren wunderbaren Brief. Ich weiß es wirklich zu schätzen, von Ihnen zu hören. Bitte fühlen Sie sich frei, die Dokumente, die ich Ihnen geschickt habe, so zu verwenden, wie Sie es möchten. Falls Sie planen, irgend etwas zu veröffentlichen, bin ich gern bereit, einige Sätze dazu zu schreiben.

Ich freue mich darauf, ein Foto Ihrer Ikone zu sehen. Vielen Dank für Ihren Brief.

Brief von Henri Nouwen, The Divinity School, Yale University,
New Haven, Connecticut, 30. Juni 1980

Leider konnte ich von diesem entgegenkommenden und großzügigen Angebot Henri Nouwens seinerzeit keinen Gebrauch machen, da mich die Vorbereitungen auf das Theologische Examen und auf die Priesterweihe sehr in Anspruch nahmen. Danach war es meine erste Stelle als Kaplan, die mit vielen Stunden Religionsunterricht verbunden war, und mir somit wiederum noch nicht erlaubte, etwas zu publizieren.

Erst zwölf Jahre später – Henri Nouwen war bereits Seelsorger der «Arche»-Gemeinschaft Daybreak in Toronto, Kanada – kam ich auf sein freundliches Angebot zurück und bat ihn, das Vorwort zu dem Buch «Das Kosmische Gebet. Einübung nach Origenes» zu schreiben. Er hat das Vorwort nicht nur mit großartigen Worten verfasst, sondern es auch für eine Rundfunksendung zu dem gleichnamigen Buch auf Tonträger in deutscher Sprache aufgesprochen.

Der sechste Brief

Ich danke Ihnen herzlich für Ihren so freundlichen Brief und besonders für das großartige Bild Ihrer Ikone. Ich weiß Ihre guten Worte sehr zu würdigen, die Sie mir zu meinen Veröffentlichungen und zu meinen Büchern geschrieben haben. Beim Anblick Ihrer Ikone der «Gottesmutter mit den drei Händen» muss ich an meinen Besuch in Israel denken. Kein Land hat mich so tief berührt und bewegt wie dieses.

Auch die Begegnung mit Michael Benham von den Ikonen war für mich beeindruckend. Ich würde ihm gern die Ergebnisse unserer Nachforschungen über die Ikonen der «Gottesmutter mit den drei Händen» zukommen lassen, aber ich weiß seine Adresse nicht mehr. Könnten Sie mir da weiterhelfen?

Es war gut, wieder von Ihnen zu hören.

Brief von Henri Nouwen, The Divinity School, Yale University, New Haven, Connecticut, 29. September 1980

III.
Betrachtung der Ikone «Tricherusa» durch Peter Dyckhoff

Betrachtung der Ikone «Tricherusa»

Das Wort «Ikone» stammt aus dem Griechischen und heißt übersetzt «Bild». Die meisten Menschen jedoch verstehen unter dem Wort «Ikonen» Tafelbilder aus Holz, die aus der Ostkirche stammen und Jesus Christus, die Gottesmutter oder Heilige darstellen.

Meine Ikone, die «Gottesmutter mit den drei Händen» – ich sage gern «Tricherusa» zu ihr – hat mich von dem Zeitpunkt an, als sie im Jahr 1979 in Israel, in Jerusalem, zu mir kam, immer begleitet. Ich erinnere mich noch allzu gut an die einzelnen Mitglieder unserer Reisegruppe. Eine Person war darunter, die sich mir, besonders am Ende unserer neutestamentlichen Studienreise, des Öfteren durch Äußerungen und Verhaltensweisen unangenehm in den Weg stellte. Später wurde mir klar, dass ich diesen Menschen in gewisser Weise provoziert hatte – allerdings unbewusst. Ich hatte Erwartungen an ihn gestellt und dabei muss etwas Zwingendes von mir ausgegangen sein, gegen das er sich mit Recht wehrte. Doch in den letzten Tagen in Israel und auf dem Rückflug nach Rom war mir das noch nicht klar, und ich litt jedes Mal darunter, wenn ich auf eine Frage keine Antwort bekam oder diese Person mir auswich, sodass alle anderen es bemerkten.

Ich wurde stark an die letzten zwei Jahre meiner Gymnasialzeit erinnert. Da gab es auch immer wieder recht unangenehme Situationen für mich, die durch einen Mitschüler ausgelöst wurden. Von ihm und seinem Verhalten mir gegenüber hatte ich bestimmte Vorstellungen. Es gab Spannungen, die damals für mich schwer zu ertragen waren.

Sollte eine einmalige und ausgezeichnete Studienreise, die als Semester im Fach «Neues Testament» anerkannt wurde, mit einer ähnlichen Spannung belastet werden? Bei dem Gedanken und der Erkenntnis, dass sich wie damals ein Schatten oder Unerlöstes so vehement in mir meldete, ging es mir nicht gut. Es gab niemanden, mit dem ich darüber sprechen konnte – zumal der Tag mit Studien und Programmen voll ausgelastet war.

Auf einmal jedoch wurde mir die Nähe zur «Tricherusa» bewusst, ja, besser gesagt, die Ikone wurde in mir spürbar. Nach dem Erwerb vor etlichen Wochen in Jerusalem hatte ich sie gut verpackt und zuunterst in meinem Koffer gelegt. Ich hütete sie als «mein Geheimnis» und niemand wusste etwas von ihr. Als ich spät am Abend in meinem Zimmer, es glich eher einer Mönchszelle, allein war, stellte ich sie auf und begann vor ihr zu beten, still zu werden und dann zu schweigen, um ihr Bild in mich aufzunehmen. Ich wandte mich zunächst fürbittend an die Muttergottes und spürte im gleichen Augenblick, dass ihr Sohn ja bereits anwesend ist. Diese Einheit ist im Geheimnis der Menschwerdung begründet, an dem Maria und der Sohn gemeinsam teilhaben.

Das wohl Entscheidende an diesem Abend vor der «Tricherusa» war die Veränderung des Niveaus meines Bewusstseins. Ich nahm wahr, dass sich etwas wie ein Fenster öffnete und ich mich nicht mehr einzig und allein auf der Ebene des Getroffen- und Verletztwerdens befand. Es war ein wunderbares Aufatmen vor dem Bild, das mir jetzt eine ganz neue Dimension offenbarte: die des Gehalten- und Angenommenseins. Da war auf einmal mehr in mein Leben getreten oder eine andere Ebene spürbar als nur das eigene Ich, das sich mit seinen Verletzungen beschäftigte.

Lange habe ich an diesem Abend die Ikone angeschaut, ja, sie mehr oder weniger auswendig gelernt, bis ich vor dem Bild der Gottesmutter – übermüdet von den Anstrengungen des Tages – einschlief. Die folgenden Tage und die Rückreise zusammen mit der Studiengruppe wurden nicht nur wesentlich leichter, sondern zeitweilig sogar wieder recht angenehm. Und jedes Mal, wenn sich eine Situation anbahnte, in der ich mich vorher betroffen oder gar verletzt gezeigt hatte, gingen jetzt meine Gedanken wie von selbst zur Ikone in meinem Reisegepäck und mir war, als könnte ich mit ihr wortlos sprechen.

Durch Bombendrohungen bedingte Verspätungen im Flugverkehr ließen die Rückreise endlos lang erscheinen. Unsere Gespräche verstummten langsam und einige Studienkollegen begannen, auf den recht unbequemen Sitzgelegenheiten in der Wartehalle zu schlafen. Auch ich träumte ein wenig vor mich hin, getragen von dem Bewusstsein, eine sicherlich geweihte und durch fast zweihundert Jahre Kirchengeschichte gegangene Ikone bei mir zu haben. Durfte ich wirklich davon ausgehen, dieser Ikone eine besondere Wirkkraft zuzuschreiben? Ich dachte an den schlichten Glauben eines russischen Menschen und dabei fiel mir die Erzählung «Der versiegelte Engel» von Nikolaj Leskov ein.

Soweit ich mich erinnerte, zog eine Gruppe von Steinmetzen durch Russland, die in ihrem Gepäck eine Engel-Ikone mit sich führten, vor der sie nach getaner Arbeit gemeinsam beteten. Sie waren fest davon überzeugt, dass sie es dem Engel zu verdanken hätten, dass sie überall Anstellung und Auskommen fanden. In der Ikone – so glaubten sie – sei der Engel selbst unter ihnen gegenwärtig und bewahre sie mit seiner himmlischen Kraft vor allem Unheil. Als den Steinmetzen jedoch durch widrige Umstände die Ikone genommen wurde, fühlten sie sich schutzlos bösen Geistern ausgeliefert. Erst nachdem die Ikone zu ihnen zurückgekehrt war, konnten sie wieder in Frieden miteinander leben und arbeiten.

In meinem Zimmer in der Theologischen Hochschule in Brixen erhielt die «Tricherusa» einen Ehrenplatz – so, dass ich sie von meinem Schreibtisch und von meinem Bett aus anschauen konnte. Später war sie dann bei den vielen Versetzungen, die ich als Priester über mich ergehen lassen musste, mir aber zeitweilig auch wünschte, immer dabei, oder ich sage besser, anwesend.

МР
ѲУ

Unter deinen Schutz und Schirm
fliehen wir, o heilige Gottesgebärerin;
verschmähe nicht unser Gebet in unseren Nöten,
sondern erlöse uns jederzeit aus allen Gefahren,
o du glorreiche und gebenedeite Jungfrau.
Unsere Frau, unsere Mittlerin, unsere Fürsprecherin.
Versöhne uns mit deinem Sohne, empfiehl uns deinem Sohne,
stelle uns vor deinem Sohne.

Ältestes Mariengebet aus dem 3. Jahrhundert

Gottesmutter mit den drei Händen
19. Jahrhundert, Griechenland
Im Besitz von Peter Dyckhoff

Weihe der Ikone

Bevor früher eine Ikone zur Verehrung freigegeben wurde, erhielt sie die Weihe durch einen Priester. Dieser schrieb dann eigenhändig den Namen des Heiligen oder der Gottesmutter oben auf die Ikone. Damit bestätigte er und besiegelte es, dass die Ikone nach den althergebrachten Regeln gemalt wurde und in der Darstellung ganz der Wahrheit des Evangeliums entspricht. Vor der Weihe jedoch stellte der Priester die Ikone vierzig Tage lang in seiner Kirche auf oder legte sie gar auf den Altar, um sie besonders bei der Eucharistiefeier mit Gnade «aufzuladen». In der vierzigtägigen Weihezeit betete er, dass das Urbild im Himmel seine himmlische Präsenz, seine Ausstrahlung und seine wundertätige und wirkmächtige Kraft auf die Ikone übertragen möge. Somit können dann später die Menschen, die vor der Ikone beten, teilhaben an den göttlichen Gaben und Kräften. Während dieser Zeit verlor die Ikone auch ihren Geruch von Farbe und Firnis und nahm mit dem Weihrauch den typischen Kirchengeruch an. In einem alten Weihegebet heißt es:

In der Erfüllung der Zeit sandtest Du Deinen Eingeborenen Sohn, unseren Herrn Jesus Christus, geboren von einer Frau, der Jungfrau Maria, welcher Knechtsgestalt annahm und Mensch wurde. Siehe barmherzig auf uns und auf diese Ikone, um der Menschwerdung und Erscheinung Deines vielgeliebten Sohnes willen, zu dessen Ehre und Gedächtnis wir sie angefertigt haben, sende auf sie Deinen himmlischen Segen und die Gnade des allheiligen Geistes. Allen aber, die Dich und Deinen Eingeborenen Sohn und Deinen allheiligen und lebendigmachenden Geist vor dieser Ikone anbeten und gläubig vertrauensvoll anrufen, gewähre gnädig die Erhörung und schenk ihnen das Erbarmen Deiner Menschenliebe und Gnade. Denn Du bist unsere Heilung, und Dir gebührt Ehre mit Deinem Eingeborenen Sohn und Deinem allheiligen gütigen und lebendigmachenden Geist, jetzt und alle Zeit und von Ewigkeit zu Ewigkeit. (Zitiert nach H. P. Gerhard, 35)

Im Namen des Vaters und des Sohnes und des Heiligen Geistes

Mir fiel auf, dass in diesem alten Weihegebet verstärkt die allerheiligste Dreifaltigkeit angesprochen wird. Ich habe an verschiedenen Tagen mehrmals dieses Gebet vor meiner Ikone gebetet und danach sie lange schweigend angeschaut. Und auf einmal ging mir auf, wie die «Tricherusa» nicht nur durch ihre drei Hände diesen Dreiklang mit dem Hinweis auf die Dreifaltigkeit widerspiegelt, sondern ebenso verschiedene andere Elemente.

Zwischen zwei Händen, vor der Leibmitte der Gottesmutter, entfaltet sich eine goldfarbene Blattformation in Form eines Dreiecks. Genau auf dieser Linie – es ist die Mitte der Ikone – befindet sich auf dem dunklen Untergewand Mariens, das als Dreieck sichtbar wird, ein weiteres Blattmotiv in Dreiecksform und ein drittes in der Mitte des Kopfschleiers, das wie eine Lotosblume wiederum dreifach nach oben geöffnet ist. Beim längeren Anschauen ist eine aufsteigende Energie zu spüren, die oberhalb des Kopfes rahmensprengend wirkt. Vielleicht ist diese aufwärtsstrebende transzendente Kraft die Ursache dafür, dass der Ikonenmaler sowohl den Heiligenschein als auch den Kopf der Gottesmutter über den Rand des Bildes hinaus gemalt hat. Vielleicht wollte er damit ihr Ruhen in Gott andeuten. Auch der

Heiligenschein des Kindes, der sich mit dem seiner Mutter überschneidet, hat Anteil an dieser nach oben ziehenden Kraft.

Zieht man die Diagonalen des Bildes, so entstehen vier Dreiecke. Das obere Dreieck ist ganz mit dem Kopf der Gottesmutter ausgefüllt; das linke Dreieck beherrscht das aufrecht sitzende Kind; das untere Dreieck bestimmen die drei Hände der Gottesmutter und das rechte Dreieck hat ein üppiges goldfarbiges Blattornament zum Mittelpunkt. In der Mitte dieses Blattwerkes scheint sich eine Blüte zu öffnen.

Ein goldener Streifen unterhalb der Blüte vom Saum des Obergewandes der Gottesmutter unterstreicht die sich nach oben öffnende Richtung des Blattwerkes. Auch die anderen Blütenornamente lenken den Blick des Betrachters auf das göttliche Kind: das mehrgliedrige Goldblatt rechts unten auf dem linken Ärmel der Gottesmutter sowie die beiden oben und unten in Dreiecksform angelegten Ornamente direkt vor dem Kind. Diese eindeutige Hinwendung zu Christus wird vor allem auch von der linken, hinweisenden Hand der Gottesmutter ausgedrückt.

Nach Augustinus ist die Zahl Drei die Zahl der Seele. Fast auf jedem christlichen Bild ist ein Dreiklang entweder versteckt oder offensichtlich dargestellt, denn das Fundament des christlichen Glaubens ist die Heilige Dreifaltigkeit. Die Drei als Symbol Gottes bedeutet die Überwindung der Entzweiung und drückt in ihrem den Anfang, die Mitte und das Ende umfassenden Wesen die Vollkommenheit aus. Die drei Engel, die bei Abraham erscheinen, weisen auf den einen Gott hin. Die drei Jünglinge im Feuerofen lobpreisen ihn, und die drei Könige huldigen dem Mensch gewordenen Gottessohn. Wie Jona drei Tage und drei Nächte im Bauch des Fisches war, so war auch Christus drei Tage und drei Nächte im Innern der Erde.

Die beiden Hauptlinien des Bildes, die von unten geradlinig aufsteigende und über den Bildrand verweisende Energie und die über das Blattwerk von unten rechts zum Kind führende, treffen sich genau im Mittelpunkt, das heißt, im Schnittpunkt der Diagonalen des Bildes. Sie bilden im Geheimen ein Kreuz, das somit unsichtbar die gesamte Ikone durchzieht.

«Simeon sagte zu Maria, der Mutter Jesu: Dieser ist gesetzt zu Fall und Aufstehen vieler in Israel und zu einem Zeichen, dem widersprochen wird – auch deine eigene Seele wird ein Schwert durchdringen –, auf dass die Gedanken aus vielen Herzen offenbar werden» (Lukas 2,34–35).

Die von unten rechts aufsteigende Linie findet ihr Ende und damit ihre Erfüllung beim Kind, das durch den Segensgestus seiner rechten Hand ihr Halt gebietet. Der Ikonenmaler unterstreicht dieses Zur-Ruhe-Kommen durch die linke Hand, die sich auf eine Schriftrolle stützt.

«Er kam nach Nazaret, wo er aufgewachsen war. Nach seiner Gewohnheit ging er am Sabbat in die Synagoge und stand auf, um aus der Schrift vorzulesen. Es wurde ihm das Buch des Propheten Jesaja gereicht. Er öffnete das Buch und fand die Stelle, wo geschrieben stand: Der Geist des Herrn ruht auf mir, weil er mich gesalbt hat. Er hat mich gesandt, den Armen frohe Botschaft zu bringen, den Gefangenen Befreiung zu verkünden und den Blinden das Augenlicht, die Zerschlagenen in Freiheit zu entlassen, auszurufen ein Gnadenjahr des Herrn» (Lukas 4,16–19).

Ich nehme dem Kind, das auf dem rechten Arm der Mutter sitzt, diese Worte ab. Abweichend von den klassischen Mariendarstellungen zeigt die «Tricherusa» das Kind nicht auf dem linken, sondern auf dem rechten Arm der Mutter. Man nennt diesen Ikonentypus daher «Dexiokratousa» (die rechts Tragende). Im Gegensatz zur Mutter, von der ein sanftes Lächeln ausgeht, macht ihr Sohn einen sehr ernsten und weisen Eindruck. Er schaut in die Ferne, wohl wissend, welche Aufgaben und welches Schicksal auf ihn zukommen. Die ausgeprägten Tränensäcke unter den Augen lassen den Gesichtsausdruck noch ernster erscheinen und deuten darauf hin, dass der Weg in und durch die Welt alles andere als einfach sein wird. Wie die Mutter, so hat auch das Kind braune Augen.

Vergeblich versuche ich, den Blick der Mutter und den ihres Sohnes auf mich zu lenken. Jedes Mal, wenn ich in das Gesicht der Gottesmutter schaue, habe ich jedoch zunächst den Eindruck, dass sie mich anschaut. Betrachte ich ein wenig länger ihre Augen, zeigt ihr Blick eine ganz andere Richtung: Er geht nach innen. «Maria aber bewahrte alle diese Worte und erwog sie in ihrem Herzen» (Lukas 2,19).

Von ihr, der Mutter des Sohnes, geht eine schweigende Zärtlichkeit und Liebe aus, die den Betrachter mitnehmen wollen zum göttlichen Kind. Dies unterstreicht der Ikonenmaler noch einmal durch äußere Zeichen: Maria neigt ihren Kopf sanft und liebevoll ihrem Sohn zu und weist mit ihrer linken Hand auf ihn, so, als ob sie sagen wollte: «Seht den Erlöser und Heiland der Welt, der es auch mit dir unendlich gut meint!» Der goldfarbige Saum ihres Gewandes deutet in die gleiche Richtung wie auch das Blattwerk auf ihrem linken Ärmel und auf der linken und der rechten Schulter.

Du gabst zur Mittlerin uns,
die nie wird zuschanden, deine Mutter, o Christus.
Auf ihre Bitten teile gnädig uns zu
den Güte spendenden Geist,
der aus dem Vater hervorgeht durch dich.
(Johannes von Damaskus, A. Adam, 123)

Auf ihrem rechten Arm trägt die Gottesmutter Christus, der wiederum das Weltall trägt durch sein machtvolles Wort. Sein Untergewand zeigt eine blaue Farbe. Um Details dieser Ikone besser erkennen zu können, wie zum Beispiel die Schriftrolle, die Christus mit seiner Linken umfasst, nahm ich eine Lupe und hielt sie ungefähr zwanzig Zentimeter vom Bild entfernt und gleichzeitig zwanzig Zentimeter im Abstand von meinen Augen. Als ich so auf das blaue Gewand schaute, erhob sich auf einmal die segnende Hand aus dem Bild und mit ihr in dreidimensionaler Sicht die zwölf roten Blumenmotive, die wiederum eine dreieckige Form haben. Ist das Zufall oder hat der Maler bewusst diese verborgene Tiefe gemalt?

Die Zahl Zwölf bezeichnet im Alten Testament die zwölf Söhne Jakobs als Stammväter der zwölf Stämme Israels. Im Neuen Testament sind es die zwölf Apostel, die zu den tragenden Säulen der Christenheit wurden. Das Fundament der himmlischen Stadt, das neue Jerusalem, besteht aus zwölf Grundsteinen, und ihre Stadtmauer hat zwölf Tore.

Das Obergewand Christi, das von der linken Schulter bis zu seinen Füßen herabfällt, ist goldfarben. Diese Farbe, die neben der Purpurfarbe zu den kostbarsten gehört, symbolisiert die Gegenwart Gottes. Daher sind auch die Heiligenscheine und der Hintergrund der Ikone goldfarben. Trotz langen Suchens konnte ich nicht entschlüsseln, was die sonderbar angeordneten

Strahlen im Heiligenschein des Kindes zu bedeuten haben. Die Applikationen auf dem Gewand der Gottesmutter, die ebenfalls goldfarben sind, zeigen, dass sie Anteil an der wunderbaren Ausstrahlung und Herrlichkeit Gottes hat.

Die kosmische Dimension

Auffallend an dieser Ikone sind runde Vertiefungen in Form eines Vierecks auf dem goldenen Gewand des Jesuskindes und im Heiligenschein der Gottesmutter. Diese runden Vertiefungen befinden sich auch an den Ärmeln der mittleren und linken Hand der Gottesmutter. In den Grund eingetriebene Kreise verzieren den Goldsaum des roten Gewandes der Gottesmutter. Die somit plastisch hervorgehobene Goldleiste umrahmt auch ihr Gesicht und ihren Hals. Die vertieften Punkte und Kreise im Goldgrund lassen durch Reflektion des auffallenden Lichtes die gesamte Ikone besonders lebendig erscheinen. Wenn der Lichteinfall wechselt – besonders durch das Tageslicht – bekommt dadurch die «Tricherusa» einen immer neuen Ausdruck.

Die runden Vertiefungen sind dem goldenen Gewand Christi in Form eines Vierecks eingeprägt. In der Heiligen Schrift ist die Zahl Vier Hinweis auf die von Gott erschaffene Welt. Aber auch in anderen Kulturen symbolisiert sie das irdische Universum und die kosmische Ordnung. Es gibt vier Himmelsrichtungen, vier Jahreszeiten und vier Elemente. Die vier Kardinaltugenden sind: Klugheit, Gerechtigkeit, Starkmut und Mäßigung. Wie die Paradiesesströme Pischon, Gichon, Euphrat und Tigris die vier Bereiche der Erde bewässern, so tragen die vier Evangelisten das Wasser der Offenbarung, die Botschaft Jesu, in alle Weltgegenden.

Die gleichen Formationen zieren sieben Mal den Nimbus der Gottesmutter. Die Welt, der die Zahl Vier zugeordnet ist, möchte in ihrem tiefsten Wesen mit Gott, dem die Zahl Drei zukommt, eins werden, und gleichzeitig ist es die Sehnsucht Gottes, die Welt mit sich zu vereinen. Aus diesen zueinander strebenden Bewegungen entsteht die heilige Zahl Sieben. Gott handelt an Maria, die wiederum im Aufschauen auf Gott lebt. Die Sieben erscheint in der Heiligen Schrift an bedeutenden Stellen, immer, wenn vom Handeln Gottes mit den Menschen die Rede ist: angefangen vom siebten Tag der Weltschöpfung, dem Ruhetag Gottes und seines Volkes, über die sieben Bitten des Vaterunser, die sieben Gaben des Heiligen Geistes, die sieben Sakramente bis hin zum «Buch mit den sieben Siegeln».

Die göttliche Mutter

In der lateinischen (katholischen) Kirche beginnt das Kirchenjahr mit dem ersten Adventssonntag und endet am Christkönigsfest. Die Ausrichtung des Kirchenjahres ist damit die Wiederkunft Christi: von der adventlichen Erwartung seiner Ankunft bis zur Feier seines Königtums, das am Ende der Zeit ganz offenbar wird. Die Kirche des Ostens beginnt dagegen das Kirchenjahr am ersten September und rahmt es durch die Feier des gegenwärtigen Heils. Das erste große Fest ist das der Geburt der Gottesmutter am achten September, der Beginn der Geschichte der Menschwerdung Gottes. Das letzte Hochfest ist das Fest der Entschlafung der Gottesmutter (Maria Himmelfahrt) am fünfzehnten August. In ihm wird gefeiert, dass das österliche Heil bereits gegenwärtige Wirklichkeit ist, allen voran in der verherrlichten Gottesmutter Maria.

Viele Menschen finden keinen Zugang zu Maria. Für andere wiederum bleibt sie der versiegelte Quell und der verschlossene Garten. Nur der Glaube als Geschenk der Gnade und der Liebe Gottes erschließt die Schönheit dieses Gartens und entsiegelt die Quelle, die in ihm strömt und aus der Dürstende trinken. Durch Maria – und dies ist und bleibt ein Geheimnis – steigt Gott zu den Menschen herab. Das Anschauen der Gottesmutter-Ikone und das Beten vor ihr bringt den Betrachter und Betenden diesem Geheimnis näher. Er erfährt die Ikone als ein Tor, das sich langsam zum Göttlichen hin öffnet – vorausgesetzt, dass der Glaube das nur gesetzhaft oder konventionell Vorgegebene transzendiert. Dies kann nur geschehen, wenn im betenden Vollzug die Hingabe an den Willen des Vaters eingeübt wird.

Der Maler der «Tricherusa» hat die verborgene Nähe Mariens zum Schöpfer wunderbar dargestellt, indem er ihren Heiligenschein und ihren Kopf über den festgelegten Rahmen hinausragen lässt. Diese Nähe war von solcher Innigkeit, dass ihre Gottesmutterschaft daraus hervorging. Je größer eine Gnade, desto mehr ist Gott darauf bedacht, sie im Verborgenen, geschützt vor der Neugier und dem Lärm der Welt, sich vollenden zu lassen. Maria wird zur Christusträgerin.

Wie Jesus durch Maria das Menschliche lernt, so lernt Maria durch ihren Sohn das Göttliche. Mit zunehmendem Alter tritt in Jesus das göttliche Geheimnis noch stärker hervor, und er fordert, bei seiner Mutter beginnend, die Ebene des reinen Glaubens. Die Ikone der «Tricherusa» zeigt nicht mehr ein kleines liebliches Kind, sondern bereits einen Christus, der auch Maria nicht die Erfahrung erspart, dass er für nur menschliches Verstehen der Unbegreifliche ist. Ich höre Maria fragen: «Kind, warum hast du uns das angetan? Dein Vater und ich haben dich mit

Schmerzen gesucht.» Diese vom Menschlichen her nur allzu gut verstehbare Frage kommt aus der Region des Kreuzes. Jesu Antwort dagegen kommt aus der Herrlichkeit seines Wohnens in Gott. Obwohl es ihr bei der Verkündigung gesagt wurde, muss Maria neu lernen, woher der Sohn kommt und wo er sein innerstes Zuhause hat. Jesus offenbart sich seiner Mutter gegenüber wie keinem anderen Wesen. Während sie die verborgenen Jahre in Nazaret mit ihrem Sohn teilt, nimmt sie alle Wesenszüge seines Verhaltens im Glauben wahr, lässt sich von ihnen prägen und wird so ihm gleichförmig wie niemand sonst.

Wir werden, was wir schauen

Wie Jesus durch Maria das Menschliche lernt, so lernt Maria durch ihren Sohn das Göttliche. Wie er ihr ähnlich ist durch die menschliche Geburt, so wird sie ihm ähnlich – dem Sohn Gottes. Für Maria war es von Gott vorgesehen, dass sie als einziger Mensch den Menschen Jesus in allen Phasen und Zeiten seines Werdens und in allen Weisen seines Verhaltens sah und erlebte: das Kind, den Knaben, den Jüngling, den Mann. Im gläubigen Blick auf Jesus wird Maria ihm von Jahr zu Jahr ähnlicher. Wir werden, was wir schauen.

Es ist wunderbar und beruhigend, lange auf die Ikone der «Tricherusa» zu schauen und mitzuerleben, wie sowohl das Leben des Sohnes als auch das verborgene Leben der Mutter ein einziges Geheimnis der Entgrenzung auf Gott hin wird, im Heiligen Geist, im Gehorsam gegenüber dem Willen des Vaters und in völliger Hingabe an Gott, dem Urgrund allen Seins und der Liebe. Was wir im Auge haben, das formt uns.

Vieles strömt täglich auf uns ein: vor allem Tausende von bewegten Bildern, die nicht nur von unseren Augen, sondern auch von unserem Inneren aufgenommen und verarbeitet werden. Wenn es eben möglich ist, sollten wir uns der Fülle der auf uns einströmenden Bilder entziehen und eine Auswahl treffen. Hinzu kommt, dass wir vielen unguten Schwingungen täglich ausgesetzt sind, ohne uns davor schützen zu können. Wie wohltuend und heilsam ist es, im Innehalten ein Bild lange anzuschauen und zu verinnerlichen, das uns eine Botschaft aus tiefer Glaubensüberzeugung vermitteln möchte. Vor allem gehören die wundertätigen Ikonen zu diesen Bildern, deren eigentliches Geheimnis sich erst im Schauen und Beten offenbart. Die «Tricherusa» gehört zu den wundertätigen Ikonen, die nicht nur Johannes von Damaskus ihre heilende Kraft hat zuströmen lassen, sondern vielen Menschen nach ihm bis in unsere Zeit. Die Ikone der Gottesmutter anschauen und im Beten und Anschauen vor ihr verweilen, schweigend mit ihr Kontakt aufnehmen und ihre Ausstrahlung auf uns wirken lassen.

Wir werden zu dem, was wir schauen.

Der fruchtbringende Weinstock

Am Ende der Betrachtung der «Gottesmutter mit den drei Händen» möchte ich von einem Ereignis sprechen, das meine Familie und mich in großes Staunen und Dankbarkeit versetzt hat. Nach einigen Umwegen, die mich das Leben, zeitweilig aber auch meine Eigenwilligkeit, führten, wurde ich am Sonntag, 23. März 1980, im Dom zu Brixen zum Diakon geweiht. In den Wochen der Vorbereitung fragte ich den Regens des Priesterseminars, ob er es erlaube, dass meine Familie an diesem Wochenende im Priesterseminar wohne. Das Haus, in dem sich auch die Philosophisch-Theologische Hochschule befindet, ist sehr groß. Durch die ständig abnehmende Zahl der Priesteramtskandidaten war nur ein Drittel der zur Verfügung stehenden Zimmer durch sie belegt. Die anderen Zimmer wurden – vornehmlich in den Semesterferien – an Reisegruppen vermietet, um einigermaßen die Kosten, die dieses große Haus verschlang, zu decken. Der Regens kam meinem Wunsch entgegen, und voll Freude lud ich meine Familie zur Diakonweihe nach Südtirol ein.

Als ich tags zuvor aus den Exerzitien, die Heinrich Spaemann für uns in einem Kloster in Meran gehalten hatte, zurückkam, waren meine Angehörigen schon angekommen, und ich konnte sie voll Freude begrüßen. Dankbar war ich, dass sie von Norddeutschland einen so weiten Weg auf sich genommen hatten, um an meinem Fest teilzunehmen. Meine Mutter, meine Schwester und ihr Mann wie auch die anderen Gäste, sahen und erlebten jetzt zum ersten Mal die Welt, in der ich die letzten Jahre verbracht hatte. Ich war aufgeregt und gleichzeitig ein wenig stolz, dass nach vielen Jahren des Suchens endlich die erste Stufe meines Wunsches, Priester zu werden, am folgenden Tag vom Himmel und der Erde bestätigt werden sollte.

Zusammen mit meiner Mutter und meiner Schwester verbrachte ich am Vorabend einige Stunden in meinem Zimmer. Beide fragten nach der Ikone der Gottesmutter, die seit meiner Studienfahrt nach Israel mein Zimmer beherrschte. Besonders meine Schwester, die künstlerisch begabt ist und selbst auch malt, wollte alle Einzelheiten über eine so sonderbare Ikone mit drei Händen wissen. Je mehr sie fragte, umso mehr konnte ich ihr auch darüber berichten. Mutter hätte vielleicht an diesem

Abend lieber über etwas anderes gesprochen, doch hörte sie zu in der stillen Freude, dass meine Schwester und ich über die «Tricherusa» uns so gut verstanden. Meine Schwester war dreizehn Jahre verheiratet, und obwohl sie und ihr Mann sich so sehr Kinder wünschten, blieb ihnen dieser Wunsch unerfüllt. Als medizinisch-technische Assistentin (MTA) arbeitete meine Schwester mehrere Jahre im Isotopenlabor der Universität Münster. Alle Ärzte, die sie später aufsuchte, versicherten ihr, dass es infolge der Strahlung, die auf sie übergegangen sei, unmöglich wäre, ein eigenes Kind zu bekommen. So lag all die Jahre immer eine gewisse Traurigkeit über ihr. Doch an diesem Abend verabschiedeten wir uns in großer Vorfreude auf den kommenden Tag, und ich zählte die Stunden bis zur Weihe und konnte lange vor aufregender Erwartung nicht einschlafen.

Die freudige und heitere Art der Südtiroler – und bestimmt auch im Geheimen die Gnade Gottes – machten den Festtag für alle zu einem tiefen Erlebnis. Dies zeigte sich in besonderer Weise in der Dankbarkeit meiner Familie, die sie nicht nur bei der herzlichen Verabschiedung am Montag zum Ausdruck brachten, sondern auch durch liebe geschriebene Worte in Briefen, die ich später erhielt.

Vier Monate später, im Juli 1980, besuchte ich in den Sommerferien meine Mutter. Sie nahm mich zur Seite und sagte mir in höchst angespannter Freude, dass meine Schwester ein eigenes Kind erwarte – doch selbst konnte sie es kaum glauben. Als nach einigen Tagen meine Schwester uns besuchte, trat ich ihr ein wenig verlegen gegenüber. Sie hatte jedoch eine solche Lockerheit entwickelt, dass sie ganz offen, und für mich in dem Augenblick etwas zu offen, über alles sprach. Das mich als Geheimnis Anmutende wurde von ihr mit einfachen und klaren Worten offenbart. Da meine Schwester durchaus nicht daran geglaubt hat, noch ein eigenes Kind zu bekommen, hatte sie den Umstand, in dem sie sich bereits ohne es zu wissen vier Monate befand, nicht ernst genommen. Sie wunderte sich nur, rundlicher zu werden und fastete ohne Erfolg. Als der Arzt ihr dann Ultraschall-Aufnahmen zeigte und damit auch ihr eigenes Kind, wurde sie schlagartig zu einem anderen Menschen. Ihre Tochter wurde ohne jegliche Komplikation als gesundes Kind am 16. Dezember 1980 geboren. In einem Gespräch unter vier Augen sagte mir meine Schwester – und das fällt mir ein wenig schwer, an dieser Stelle in Worte zu fassen –, dass sie ihr Kind bei ihrem Besuch zu meiner Diakon-Weihe in Brixen empfangen habe, und dass absolut kein Zweifel an diesem Zeitpunkt bestehe. Ich staunte, wie selbstverständlich und dankbar meine Schwester mit all dem umging. Für mich war es eines der größten Wunder, die ich bisher in meinem Leben erfahren durfte.

Als ich wieder in Brixen war – bis zur Priesterweihe mussten noch zwei Semester absolviert werden –, schaute mich die «Tricherusa» ganz anders an, liebevoller und wissender. Die Legende von der wieder angewachsenen Hand des Johannes von Damaskus ermutigt die Verehrer der «Tricherusa» dazu, die Hilfe der Gottesmutter selbst in aussichtsloser Lage in Anspruch zu nehmen. All die Jahrhunderte hindurch haben Menschen zu dieser wundertätigen Ikone gebetet und, so sagt die Geschichte, teilweise Wunderbares erfahren. So schreibe auch ich ihr im Geheimen – und darüber habe ich bis heute mit niemandem gesprochen – dieses Wunder zu. Etwas Besonderes kommt noch zu all dem Gesagten hinzu. Als ich zur Neuausgabe des Buches «Bilder göttlichen Lebens» von Henri Nouwen seine Briefe und die dazu gehörenden Anlagen, die von der Ikone der «Gottesmutter mit den drei Händen» handeln, übersetzte, fand ich einen mich zutiefst beeindruckenden Satz. Im Artikel «Gottesmutter Tricherusa» aus dem «Handbuch der Ikonenkunst» von B. Rothemund, den Henri Nouwen mir zu einem seiner Briefe legte, stehen auf der Seite 253 die Sätze: «Wegen ihrer Berühmtheit hat die Panagia Tricherusa ungeheure Verbreitung gefunden. Sie wird in Russland, auf dem Balkan und im griechischen Raum häufig dargestellt. Teilweise gilt sie auch als Helferin für unfruchtbare Frauen (was mit dem Weinstock des Simeonsgrabes dieses Athosklosters zusammenhängt, in dessen Nähe sie sich befindet).»

Der Zusammenhang zwischen der Ikone der «Gottesmutter mit den drei Händen» und dem «Weinstock des Symeonsgrabes» ist folgender: Der serbische Großfürst Stephan Nemanja (1168 – 1196) gründete zusammen mit seinem Sohn Rastko im Jahr 1198 das Athoskloster Chiliandar. Rastko, der sich als Mönch Sawa nannte, hatte vom Sabbaskloster bei Jerusalem die Ikone der «Tricherusa» als Geschenk erhalten und brachte sie mit in das neu gegründete Kloster. Da sie sich bis heute in diesem Kloster befindet, wird sie auch «Chiliandar-Gottesmutter» genannt. Stephan Nemanja, der zugunsten seines zweiten Sohnes abgedankt hatte, trug als Mönch den Namen Symeon. Er lebte zwei Jahre im Serbenkloster Chiliandar und starb im Jahr 1200. Aus seinem Grab entsprang eine Traubenrebe, die im Glauben vieler orthodoxer Christen Wunder bewirken kann. Es heißt: Wer tief im Glauben verankert ist und von den Trauben dieser Rebe kostet, dem könne bei Kinderlosigkeit geholfen werden. Diese Wunder wirkende Heilkraft sei dann auf die «Tricherusa» übergegangen.

Das Athoskloster Chiliandar besitzt mehrere tausend Dankesbriefe, in denen berichtet wird, dass sowohl von den Trauben auf dem Symeonsgrab als auch von der wundertätigen Ikone eine zum Kindersegen führende gnadenvolle Kraft ausgegangen ist (Lexikon der Serbisch-Orthodoxen Kirche).

Du bist der wahre Weinstock,
der die Rebe des Lebens trägt, Gottesmutter.
Mit den Aposteln bitten wir dich, Gnadenreiche,
um unsere Erlösung.
Gepriesen sei der Herr, unser Gott, gepriesen Tag für Tag!
Er bereitet uns den Weg; denn er ist der Gott unseres Heils.
(T. Malaty, Gottesmutter, Marienlob im Stundengebet)

Die drei Hände der Gottesmutter

Durch das Wunder der geheilten Hand, das Johannes von Damaskus vor seiner Ikone der Gottesmutter erfuhr, kam es zur Darstellung der dritten Hand auf der Ikone. Dadurch erhalten die Hände, die Werkzeug und Spiegel der Seele sind, besonderes Gewicht. Die Hände Mariens sind ganz zum Gebet geworden. Sie sagen mehr als ein Wort, denn sie hüten noch das verborgene Geheimnis Gottes: Gott händigt sich dem Menschen aus Liebe in Jesus Christus bis zum Tod am Kreuz aus. Auch die Hände der Gottesmutter sind geöffnet. Damit sind sie ebenso Zeichen des Aushändigens und der totalen Hingabe an den Willen Gottes. Groß ist die leise Sprache ihrer Hände – und sie ist schön.

Die Kirche sagt, Gott habe uns die Hand gegeben, damit wir die Seele darin tragen. Die geöffneten Hände der Gottesmutter, die den Seelenstrom frei fluten lassen, vermitteln dem Betrachter der Ikone, was die Seele meint. Mit ihrem rechten Arm und der rechten Hand umfasst sie das göttliche Kind. So möchte ich diese Hand die «Tragende» nennen. Die mittlere Hand der Gottesmutter berührt ihre Leibmitte, aus der Jesus geboren wurde und aus der die Urkraft strömt; daher möchte ich sie die «Ruhende» nennen. Die linke Hand, die von der «Ruhenden» und der Kopfhaltung Mariens unterstützt wird, weist mit einladender Gebärde auf ihren Sohn, auf die Menschwerdung Gottes. Ich nenne sie die «Weisende».

Beim Beten und Ruhigwerden vor der Ikone spüre ich, dass diese Einladung auch mir gilt. Keine einzige Bedingung wird an mich gestellt. Ich bin eingeladen: wer ich auch bin und woher ich auch komme, ob aus der Ferne, der Skepsis, der Dunkelheit oder gar der Gottabgewandtheit. Und immer geleitet mich diese weisende Hand der Gottesmutter ins Innerste, zu ihrem göttlichen Sohn. Christi Mutter erhebt fürbittend für mich und alle Menschen ihre Hände zum Herrn. Wie Maria als Brücke bezeichnet wird, über die der Gottessohn zu den Menschen gekommen ist, so wird sie auch Leiter genannt, über welche die Menschen ihre Gebete und Anliegen zum Heiland und Erlöser senden.

Durch Demut und Hingabe der Gottesmutter wird die Ikone zu einer Christus-Ikone. Die linke Hand Jesu, die eine Schriftrolle umfasst, möchte sagen, dass in ihm die ewige Weisheit wohnt. Die rechte Hand hat er zum Segen erhoben und möchte damit der gesamten Schöpfung und allen Menschen Gutes sagen und Gutes tun. In diesem Segen liegt die Überwindung der Angst und die Überwindung des Todes, die Befreiung zum Leben und zum ewigen Leben. Die segnende Hand Jesu wird immer hingebend und einladend geöffnet bleiben – bis zum Tod am Kreuz und darüber hinaus, bis alle Menschen und die gesamte Schöpfung Erlösung erfahren haben. Die Hand Jesu, die die Welt trägt, und sein Blick möchten aufrichten und Liebe schenken. «Der Vater liebt den Sohn und hat alles in seine Hand gegeben» (Johannes 3,35).

Bilder göttlichen Lebens

von Henri Nouwen

Für Barbara und Simone
H. N.

Einführung

Als mein Vater und meine Mutter jung verheiratet waren, kauften sie ein kleines Bild von Marc Chagall. Auf ihm ist eine einfache Vase mit Blumen zu sehen, die vor einem Fenster stehen. Meine Eltern kauften es, weil es ihnen gefiel, nicht weil Chagall ein berühmter Maler war. Er war damals noch ziemlich unbekannt, und das Bild kostete nicht viel. Aber sie liebten es alle beide und sprachen sehr bewegt davon. Heute, nach 53 Jahren, ist meine Mutter tot, und Chagalls Kunst ist weltberühmt geworden. Wenn ich an meine Mutter denke, sehe ich sie oft im Wohnzimmer bei uns zu Hause mit den Blumen von Chagall daneben. Ihre Schönheit hat sich innig verbunden mit der Schönheit der zarten Farben des Blumenstraußes. Mit den Augen meines Herzens schaue ich auf das Bild mit der gleichen Anteilnahme wie meine Eltern, und ich fühle mich getröstet und gestärkt.

Die Blumen von Chagall fielen mir ein, als ich darüber nachdachte, wie ich erklären sollte, warum die vier Ikonen in diesem Buch so wichtig für mich geworden sind. Sie haben sich wie das Bild von Chagall so tief in mein Inneres eingeprägt, dass ich sie jedes Mal vor mir sehe, wenn ich Trost und Stärkung brauche. Es gibt oft Zeiten, wo ich nicht beten kann, wo ich zu müde bin, um die Evangelien zu lesen, zu unruhig, um fromme Gedanken zu haben, zu niedergeschlagen, um Worte zu Gott zu finden, oder zu erschöpft, um irgendetwas zu tun. Aber ich kann immer noch diese Bilder anschauen, die so innig verbunden sind mit der Erfahrung von Liebe.

Handeln, Sprechen und sogar Denken kann bisweilen zu anstrengend sein; aber immer sehen wir. Wenn wir träumen, sehen wir. Wenn wir vor uns hinstarren, sehen wir. Wenn wir die Augen schließen, um auszuruhen, sehen wir. Wir sehen Bäume, Häuser, Straßen, Autos, Berge und Seen, Tiere, Menschen, Orte, Gesichter, Formen und Farben. Wir sehen klar oder verschwommen, aber immer finden wir etwas zu sehen.

Aber was wollen wir eigentlich sehen? Es ist ein großer Unterschied, ob wir eine Blume oder eine Schlange sehen, ein freundliches Lächeln oder gebleckte Zähne, ein tanzendes Paar oder eine feindliche Menge. Wir müssen eine Wahl treffen. So wie wir verantwortlich sind für das, was wir essen, so sind wir verantwortlich für das, was wir sehen. Wir werden leicht ein Opfer der ungeheuren Ansammlung von visuellen Reizen rings um uns. Die «Mächte und Gewalten» steuern viele der Bilder, die wir täglich in uns aufnehmen. Plakate, Reklame, Fernsehen, Videokassetten, Kinos und Schaufenster stürmen unaufhörlich auf unsere Augen ein und prägen ihre Bilder in unser Gedächtnis ein.

Trotzdem dürfen wir nicht untätige Opfer einer Welt werden, die uns unterhalten und zerstreuen will. Gewisse Entscheidungen und Wahlen stehen uns frei. Ein geistliches Leben inmitten unserer kräfteaufreibenden Gesellschaft verlangt von uns, dass wir bewusst Schritte unternehmen, um den inneren Raum zu schützen, in dem wir unsere Augen auf die Schönheit des Herrn gerichtet halten können.

Als einen solchen Schritt biete ich diese Meditationen über vier russische Ikonen an. Indem ich mich lange Zeit mit diesen Ikonen betend näher beschäftigte, davon sprach, etwas über sie las, aber hauptsächlich sie einfach schweigend anschaute, habe ich sie allmählich auswendig gelernt. Jetzt sehe ich sie, mögen sie selbst da sein oder nicht. Ich habe sie auswendig gelernt wie das

«Vaterunser» und das «Gegrüßet seist du, Maria», und ich bete mit ihnen, wo immer ich auch gehe.

Wenn du diese Meditationen liest, ist es wichtig, dass du die Ikonen konzentriert und ganz aufmerksam anschaust und mit ihnen betest. Schauen ist vielleicht das treffendste Wort, um das Wesen der östlichen Spiritualität zu kennzeichnen. Während der heilige Benedikt, der die Spiritualität des Westens geprägt hat, uns zuallererst zum Hören auffordert, konzentrieren sich die östlichen Väter auf die Schau. Dies wird besonders deutlich im liturgischen Leben der Ostkirche.

Die Worte in diesem Buch sind aus meinem eigenen Anschauen dieser Ikonen entstanden. Sie mögen dich berühren oder auch nicht. Wenn sie dir nur ein wenig dabei helfen, dass du anfängst, diese Ikonen selbst zu sehen, dann haben meine Worte ihren Zweck erfüllt und mögen vergessen werden. Dann sind diese Ikonen deine eigenen geworden und können dich führen bei Tag und bei Nacht, in guten und schlechten Zeiten, wenn du traurig und wenn du froh bist. Sie werden von der einmaligen Weise zu sprechen anfangen, die Gott sich ausgesucht hat, um dich zu lieben.

Warum Ikonen? Wäre es nicht besser gewesen, Bilder zu verwenden, die leichter zugänglich sind, wie solche von Michelangelo, Rembrandt oder Marc Chagall? Die großen Schätze der westlichen Kunst mögen in der Tat anziehender sein, aber ich habe Ikonen ausgesucht, weil sie zu dem einzigen Zweck geschaffen sind, durch das Tor des Sichtbaren einen Zugang zum Geheimnis des Unsichtbaren zu eröffnen. Ikonen sind gemalt, um uns in den inneren Raum des Gebets zu leiten und uns ganz nah zum Herzen Gottes zu bringen.

Im Gegensatz zu der freizügigeren Kunst des Westens sind Ikonen nach jahrhundertealten Regeln gemalt. Ihre Formen und

Farben hängen nicht lediglich von der Vorstellungskraft und dem Geschmack des Ikonenmalers ab, sondern wurden von Generation zu Generation weitergereicht in Gehorsam gegenüber ehrwürdigen Traditionen. Das erste Anliegen des Ikonenmalers ist nicht, sich selbst bekannt zu machen, sondern durch seine Kunst Gottes Königsherrschaft auszurufen. Ikonen sind dazu bestimmt, einen Platz in der Heiligen Liturgie einzunehmen, und sind deshalb in Übereinstimmung mit den Erfordernissen der Liturgie gemalt. Wie die Liturgie selbst, so versuchen uns auch die Ikonen einen Schimmer vom Himmel zu geben.

Dies erklärt, warum Ikonen nicht einfach zu «sehen» sind. Sie sprechen nicht unmittelbar zu unseren Sinnen. Sie erregen uns nicht, bannen uns nicht, wühlen uns nicht auf, regen nicht unsere Fantasie an. Zuerst sehen sie sogar ein bisschen starr, leblos, schematisch und langweilig aus. Sie enthüllen sich uns nicht auf den ersten Blick. Nur ganz allmählich, nach geduldiger, betender Vergegenwärtigung, fangen sie an, zu uns zu sprechen. Und wenn sie sprechen, dann mehr zu unseren inneren als zu unseren äußeren Sinnen. Sie sprechen zum Herzen, das Gott sucht.

Es hat lange gedauert, bis ich die Ikonen *sah*, die ich in diesem Buch zusammengebracht habe, und ich frage mich immer noch, wie viel ich wirklich gesehen habe. Es scheint, als ob es immer wieder etwas Neues zu sehen gäbe. Eine Ikone ist wie ein Fenster, das zur Ewigkeit hinausblickt. Hinter seiner zweidimensionalen Oberfläche liegt der Garten Gottes, der jenseits von Größe und Ausdehnung ist. Jedes Mal, wenn ich mich diesen Bildern anvertraue, meine neugierigen Fragen nach ihrer Herkunft, Geschichte und ihrem künstlerischen Wert beiseite schiebe und sie in ihrer eigenen Sprache zu mir reden lasse, ziehen sie mich in engere Gemeinschaft mit dem Gott der Liebe hinein.

Die vier russischen Ikonen, die ich ausgesucht habe – die Ikone der Heiligen Dreifaltigkeit, die Ikone der Gottesmutter von Vladimir, die Ikone des Erlösers von Zvenigorod und die Ikone der Herabkunft des Heiligen Geistes –, bringen vier Gesichtspunkte des Geheimnisses unserer Erlösung zum Ausdruck: Die erste lädt uns ein, im Haus der Liebe zu wohnen; die zweite versichert uns, dass wir wirklich zu Gott gehören; die dritte zeigt uns das Antlitz des Herrn, und die vierte beauftragt uns, die Welt zu befreien. Zusammen bringen sie das christliche Verständnis unserer Herkunft und Bestimmung zum Ausdruck.

Wenn du diese Meditationen liest, halte die Ikonen ruhig vor dich; sie sind zu beidem gemalt: zur Verherrlichung Gottes und zu unserem Heil. Ich bete darum, dass sich diese vier Ikonen in dein Herz einprägen und dein Bewusstsein von Gottes wunderbarer liebender Gegenwart in deinem Leben stärken mögen. Mögen sie zuverlässige Führer auf deiner Reise werden und lebendige Quellen von Freude und Frieden, die bleiben.

I.
Die Ikone der Heiligen Dreifaltigkeit: Leben im Haus der Liebe

Wie können wir leben inmitten einer Welt, die gekennzeichnet ist von Angst, Hass und Gewalt, ohne von ihr zerstört zu werden? Wenn Jesus seinen Vater für seine Jünger bittet, antwortet er auf diese Frage, indem er sagt: «Ich bitte nicht, dass du sie von der Welt nimmst, sondern dass du sie vor dem Bösen bewahrst. Sie sind nicht von der Welt, so wie ich nicht von der Welt bin» (Johannes 17,15–16).

In der Welt leben, ohne zu ihr zu gehören, fasst das Wesentliche des geistlichen Lebens zusammen. Durch das geistliche Leben sind wir uns dessen bewusst, dass unser wahres Haus nicht das Haus der Angst ist, in dem die Mächte des Hasses und der Gewalt herrschen, sondern das Haus der Liebe, wo Gott wohnt.

Es gibt kaum einen Tag in unserem Leben ohne die Erfahrung innerer oder äußerer Ängste, Befürchtungen, Sorgen und Vorurteile. Diese dunklen Mächte haben jeden Teil unserer Welt in einem solchen Ausmaß durchdrungen, dass wir ihnen niemals völlig entrinnen können. Und doch ist es möglich, nicht zu diesen Mächten zu gehören, unsere Wohnung nicht bei ihnen zu bauen, sondern das Haus der Liebe als unser Heim zu wählen. Wir treffen diese Wahl nicht ein für allemal, sondern immerfort, indem wir ein geistliches Leben leben, allezeit beten und so Gottes Atem atmen. Durch das geistliche Leben verlassen wir allmählich das Haus der Angst und ziehen um in das Haus der Liebe.

Niemals habe ich das Haus der Liebe schöner dargestellt gesehen als in der Ikone der Heiligen Dreifaltigkeit, gemalt von Andrej Rublev im Jahr 1425 zum Andenken an den großen russischen Heiligen Sergius (1313–1392). Für mich wurde die Betrachtung dieser Ikone immer mehr ein Weg, tiefer in das Geheimnis des göttlichen Lebens einzutreten und gleichzeitig ganz und gar engagiert zu bleiben in dem Ringen unserer hass- und angsterfüllten Welt.

Durch das geistliche Leben
verlassen wir allmählich das Haus der Angst
und ziehen um in das Haus der Liebe.
Niemals habe ich das Haus der Liebe schöner dargestellt gesehen
als in der Ikone der Heiligen Dreifaltigkeit, gemalt von
Andrej Rublev im Jahr 1425 zum Andenken an den großen
russischen Heiligen Sergius (1313–1392).
Für mich wurde die Betrachtung dieser Ikone immer mehr ein
Weg, tiefer in das Geheimnis des göttlichen Lebens einzutreten
und gleichzeitig ganz und gar engagiert zu bleiben in dem
Ringen unserer hass- und angsterfüllten Welt.

Andrej Rublev
Heiligste Dreifaltigkeit
Anfang 15. Jahrhundert

Eine freundliche Einladung

Andrej Rublev malte diese Ikone nicht nur, um die Frucht seiner eigenen Betrachtung des Geheimnisses der Heiligen Dreifaltigkeit mitzuteilen, sondern auch, um seinen Mönchsbrüdern ein Mittel anzubieten, wie sie ihr Herz inmitten großer politischer Unruhen ganz auf Gott gerichtet halten könnten. Je mehr wir dieses heilige Bild mit den Augen des Glaubens betrachten, desto mehr kommt uns zu Bewusstsein, dass es nicht gemalt ist als hübsche Dekoration für eine Klosterkirche, auch nicht als hilfreiche Erklärung eines schwierigen Lehrsatzes, sondern als ein heiliger Raum, in den man eintreten und in dem man bleiben kann. Wenn wir uns betend vor die Ikone stellen, spüren wir eine freundliche Einladung, uns am vertrauten Gespräch zu beteiligen, das zwischen den drei göttlichen Engeln stattfindet, und uns zu ihnen an den Tisch zu gesellen. Die Bewegung vom Vater zum Sohn und vom Sohn und Geist zum Vater wird eine Bewegung, in welche der Beter hineingehoben und dort sicher gehalten wird.

In einer schweren Zeit meines Lebens, in der das mündliche Gebet fast unmöglich geworden war und geistige und seelische Erschöpfung mich leicht ein Opfer von Gefühlen der Angst und Verzweiflung hatten werden lassen, wurde ein langes stilles Verweilen vor dieser Ikone der Anfang meiner Heilung. Während ich lange Stunden vor Rublevs Dreifaltigkeit saß, merkte ich, wie allmählich mein Schauen zum Gebet wurde. Dieses schweigende Gebet ließ nach und nach meine innere Unrast hinwegschmelzen und hob mich empor in den Kreis der Liebe, einen Kreis, der von den Mächten der Welt nicht durchbrochen werden konnte. Auch wenn ich von der Ikone wegging und in die vielen Pflichten des täglichen Lebens hineingezogen wurde, kam es mir vor, als bräuchte ich den heiligen Ort, den ich gefunden hatte, nicht zu verlassen und könnte dort wohnen bleiben, was auch immer ich täte und wohin auch immer ich ginge. Ich wusste, dass das Haus der Liebe, in das ich eingetreten war, keine Grenzen hat und jeden umgibt, der dort wohnen will.

Durch die Betrachtung dieser Ikone lernen wir, mit unserem inneren Auge zu sehen, dass alle Betätigung in dieser Welt nur dann Frucht bringen kann, wenn sie sich in diesem göttlichen Kreis ansiedelt. Die Worte des Psalms: «Findet doch auch der Sperling findet ein Heim … Selig, die wohnen in deinem Haus» (Psalm 84,4–5) bekamen neue Tiefe und ein neues Gewicht. Sie wurden zu Worten, die mir zeigten, dass es möglich ist, in der Welt zu sein, ohne zu ihr zu gehören. Wir können verwickelt sein in Kämpfe für Gerechtigkeit und in Aktionen für den Frieden. Wir können mitten in der Unsicherheit des privaten und öffentlichen Lebens stehen. Wir können studieren, lehren, schreiben oder welche Arbeit auch immer verrichten. Wir können all dies tun, ohne jemals das Haus der Liebe verlassen zu müssen. «Die vollkommene Liebe treibt die Furcht aus», sagt Johannes in seinem ersten Brief (1 Johannes 4,18). Rublevs Ikone lässt uns das Haus der vollkommenen Liebe erahnen. Immer werden zahlreiche Ängste von allen Seiten uns überfallen, aber wenn wir in Gott zu Hause bleiben, können diese Ängste der Welt keine endgültige Macht über uns gewinnen. Jesus sagt es ganz eindeutig: «In der Welt seid ihr in Bedrängnis, aber habt Mut! Ich habe die Welt besiegt» (Johannes 16,33).

Im Haus Gottes leben ist jedoch nicht nur ein Schutz vor einer Welt voller Ängste, sondern auch eine Offenbarung der verborgenen Schönheit Gottes. Rublevs Ikone lässt uns einen ersten ahnenden Blick auf diese unsagbare Schönheit tun.

Im Kreis der Heiligen Dreifaltigkeit steigt alles wahre Wissen ins Herz hinab. Die russischen Mystiker nennen das Gebet ein Hinabsteigen des Geistes in das Herz und dort ein Verweilen in der Gegenwart Gottes. Gebet findet statt, wo Herz zu Herzen spricht, das heißt, wo das Herz Gottes vereint ist mit dem Herzen des Beters. So wird Gotteserkenntnis zur Gottesliebe, so wie von Gott erkannt zu sein von ihm geliebt zu sein bedeutet.

Dieser heilige Kreis, das Haus der Liebe, das Geheimnis Gottes, wird uns von innen her enthüllt. Es ist das Geheimnis der drei Engel, die bei der Eiche von Mamre erschienen, das Mahl aßen, das Abraham und Sarah ihnen so großzügig vorsetzten, und die unerwartete Geburt Isaaks ankündigten (Genesis / 1 Mose 18). Es ist das Geheimnis der Gastfreundschaft, das sich nicht nur in Abrahams und Sarahs Aufnahme der drei Engel ausdrückt, sondern auch in Gottes Aufnahme des betagten Ehepaares, indem er ihm die Freude über die Verheißung eines Erben schenkt.

Das Erscheinen der Engel ist das Vorbild der göttlichen Sendung, dass Gott uns seinen einzigen Sohn schickt, um ihn für unsere Sünden hinzugeben, und uns neues Leben durch den Geist verleiht. Der Baum von Mamre wird zum Baum des Lebens, das Haus Abrahams zur Wohnstätte des Gott-mit-uns und der Berg zur geistigen Höhe von Gebet und Betrachtung.

Das Kalb, das Abraham den Engeln vorsetzte, wird zum Opferlamm, von Gott erwählt vor der Erschaffung der Welt, zum Schlachten geführt nach Golgota und für würdig befunden, die sieben Siegel des Buches zu lösen. Dieses Opferlamm ist die Mitte der Ikone. Die Hände von Vater, Sohn und Geist deuten seinen Sinn auf verschiedene Weise: Der Sohn in der Mitte weist mit zwei Fingern darauf und deutet so auf seinen Auftrag hin, Opferlamm zu werden, und zwar durch die Menschwerdung menschliches und göttliches Opferlamm zugleich. Der Vater zur Linken ermutigt den Sohn mit einem Segensgestus. Und der Geist, der den gleichen Herrscherstab hält wie Vater und Sohn, zeigt dadurch, dass er auf die viereckige Öffnung vor dem Altar deutet, an, dass dieses göttliche Opfer ein Opfer ist für die Erlösung der Welt.

So geleitet uns das Beten mit dieser Ikone in das Geheimnis der göttlichen Selbstoffenbarung. Es ist ein zeitloses Geheimnis, das aber in der Geschichte sichtbar geworden ist. Es ist ein göttliches und zugleich menschliches Geheimnis. Es ist ein freudenreiches, schmerzensreiches und glorreiches Geheimnis, das alle menschlichen Vorstellungen übersteigt und doch jede menschliche Situation in sich miteingeschlossen hat.

Kreis, Kreuz und Befreiung

Was sagt uns die Ikone über unsere Berufung? Gehören wir wirklich zu dieser Ikone, oder lässt sie uns in scheuer Distanz zur unermesslichen Herrlichkeit Gottes? Wo die Geheimnisse des verborgenen Lebens der Heiligen Dreifaltigkeit sich vor uns entfaltet haben, werden unsere Augen mehr und mehr die kleine rechteckige Öffnung vor uns unter dem Kelch gewahr. Wir müssen all unsere Aufmerksamkeit auf diesen offenen Raum konzentrieren, denn dies ist die Stelle, auf die der Geist deutet und an der wir in den göttlichen Kreis miteingeschlossen werden. Wenn ich darüber nachdenke und all das Wissen über Bilder, das ich mir erwerben konnte, in meine Überlegungen miteinbeziehe, komme ich zu dem Ergebnis, dass dieser rechteckige Raum von dem schmalen Weg spricht, der zum Haus Gottes führt. Es ist der Weg des Leidens. Die vier Ecken dieses Raumes bringen uns zu Bewusstsein, dass er die ganze geschaffene Welt repräsentiert, mit allen Völkern im Norden und Süden, Osten und Westen. Seine Position im Altar bedeutet, dass am göttlichen Tisch nur für die Platz ist, die gewillt sind, am göttlichen Opfer beteiligt zu sein, indem sie ihr Leben hingeben als Zeugnis für die Liebe Gottes. Es ist der Platz, an den die Reliquien der Märtyrer hingestellt werden, der Platz für die Überreste derer, die alles, was sie besaßen, hingegeben haben, um ins Haus der Liebe zu gelangen.

So wird langsam ein Kreuz sichtbar: Der Längsbalken wird gebildet vom Baum, vom Sohn, vom Lamm und der Welt, der Querbalken vom Kopf des Vaters und des Geistes. Ja, es gibt wirklich keinen Kreis ohne Kreuz, kein ewiges Leben ohne Tod, kein himmlisches Königreich ohne Golgota. Du kannst das Leben nicht gewinnen, ohne es zu verlieren. Kreis und Kreuz lassen sich nie trennen. Die ernste Schönheit der drei göttlichen Engel ist keine Schönheit ohne Leiden. Im Gegenteil, ihre schwermütige Schönheit – die Russen sagen, ihre «selige Betrübnis» – lässt an die Worte Jesu denken: «Könnt ihr den Kelch trinken?» Der Weg, den Jesus ging, unterscheidet sich nicht vom Weg seiner Jünger: «Der Knecht ist nicht größer als sein Herr. Wenn sie mich verfolgt haben, werden sie auch euch verfolgen» (Johannes 15,20).

Hier kommen wir zu der bitteren Erkenntnis, dass der Umzug vom Haus der Angst ins Haus der Liebe nicht unbedingt Liebe hervorrufen muss. «Gehörtet ihr zur Welt, würde die Welt euch als ihr Eigentum lieben. Weil ihr aber nicht zur Welt gehört ..., darum hasst euch die Welt» (Johannes 15,19). Aber das ist der einzige Weg, denn es ist Gottes Weg, der Weg, den wir vertrauensvoll gehen können, weil er zu der Freude und dem Frieden führt, den die Welt nicht kennt. Es ist der Weg, den viele zu gehen gewählt haben; nicht nur Dietrich Bonhoeffer, Martin Luther King, Ita Ford, Jean Donovan und Oscar Romero, sondern auch Scharen namenloser Frauen, Männer und Kinder, die in den letzten Jahrzehnten als Zeugen für den Gott der Liebe starben. Aber sie alle bleiben gegenwärtig als Anfang der Hoffnung auf die neue Gemeinschaft, die mitten im verzweifelten Kampf um Befreiung sichtbar wird.

Im Haus der Liebe

Der heilige Sergius, zu dessen Ehre und Andenken Rublev die Dreifaltigkeitsikone malte, wollte ganz Russland unter dem Namen Gottes zusammenführen, sodass seine Menschen den «vernichtenden Hass der Welt durch die Betrachtung der Heiligen Dreifaltigkeit» überwinden könnten.

Angst und Hass haben seit dem 14. Jahrhundert nicht weniger zerstörerisch gewirkt, und Rublevs Ikone hat nichts von ihrer Ausdruckskraft verloren, mit der sie uns in den Raum der Liebe ruft, wo Angst und Hass uns nicht mehr länger vernichten können. Je länger wir mit der Ikone beten und je tiefer unser Herz zu diesem geheimnisvollen Ort hingezogen wird, wo Kreis und

Kreuz gleichermaßen gegenwärtig sind, desto besser können wir verstehen, wie es möglich ist, mit dem Kampf für Gerechtigkeit und Frieden betraut zu sein und gleichzeitig zu Hause zu bleiben in Gottes Liebe.

Als Jesus vorhersagt: «Die Menschen werden vor Angst vergehen in Erwartung dessen, was über den Erdkreis kommen wird» (Lukas 21,26), sagt er zu seinen Jüngern: «Wachet also allezeit und betet, damit ihr imstande seid, allem zu entrinnen, was geschehen wird, und vor dem Menschensohn zu bestehen» (vgl. Lukas 21,36 und Hebräer 4,16). Nachdem ich Rublevs Dreifaltigkeit lange betrachtet hatte, sprachen diese Worte zu mir mit neuer Kraft. «Allezeit beten» wurde zu «wohnen im Hause Gottes alle Tage unseres Lebens». «All dem, was geschieht, entrinnen» sagt mir, dass ich nicht länger ein Opfer von Angst, Hass und Gewalt sein muss, die die Welt beherrschen. «Vor dem Menschensohn bestehen» bezieht sich nicht länger nur auf das Ende der Zeiten, sondern eröffnet mir die Möglichkeit, zuversichtlich, das heißt voll Vertrauen inmitten von Feindschaft und Gewalt zu leben.

Ich bete darum, dass Rublevs Ikone viele Menschen lehren möge, wie sie inmitten einer angst- und hasserfüllten, gewalttätigen Welt leben können und gleichzeitig immer mehr einziehen können in das Haus der Liebe.

II.
Die Ikone der Gottesmutter von Vladimir: Zu Gott gehören

»Zu wem gehören wir?« Das ist die Kernfrage des geistlichen Lebens. Gehören wir der Welt an mit ihren Sorgen, ihren Leuten und ihrer endlosen Kette von Unglücksfällen und Katastrophen, oder gehören wir zu Gott und seinem Volk? Diese Frage ist nicht schwer zu beantworten. Unsere Umwelt – die Menschen und die Ereignisse, über die wir sprechen, uns Sorgen machen, uns freuen und für die wir dankbar sind – das alles zeigt, zu wem wir wirklich gehören. Das Schlimme ist, dass die Umwelt der meisten von uns nicht viel mit der Umwelt Gottes zu tun hat.

Die Ikone der Gottesmutter von Vladimir wurde für mich nach und nach zu einer freundlichen, aber bestimmten Einladung, das bedrückende, entzweiende Milieu der Welt zu verlassen und in die befreiende und einende Umwelt Gottes einzutreten. Im Lauf der Jahre habe ich diese Ikone in so vielen Wohnungen, Pfarrhäusern und Klöstern gesehen, dass ich ihr kaum noch Aufmerksamkeit schenkte. Vertraut wie ein Kruzifix, hatte die Ikone das meiste ihrer verwandelnden Kraft für mich verloren.

Aber als man mir während einer langen stillen Einkehrzeit eine große Reproduktion der Gottesmutter von Vladimir auf den Tisch stellte, fing ich allmählich an, das verborgene Wesen der Ikone zu entdecken. Während ich täglich zur Gottesmutter betete, fühlte ich mich in ihre geheimnisvolle Zärtlichkeit hineingezogen, und allmählich lernte ich ihre dringende Einladung, zu Gott zu gehören, auswendig.

Die Ikone, auch bekannt als «Unsere liebe Frau der Zärtlichkeit», ist unter allen russischen Ikonen eine der am meisten verehrten. Sie wurde von einem anonymen griechischen Künstler zu Beginn des 12. Jahrhunderts gemalt. Um 1183 wurde sie von Konstantinopel nach Kiew gebracht und etwa zwanzig Jahre später von Kiew nach Vladimir, wo sie bis 1395 blieb. Obwohl die Ikone dann die letzten sechs Jahrhunderte in Moskau war, wird sie immer noch «Gottesmutter von Vladimir» genannt. Dieses kostbare nationale Heiligtum überstand auf wunderbare Weise viele Feuersbrünste und Raubzüge. Es wurde mehreren Restaurierungen unterzogen, aber die Gesichter von Mutter und Kind sind noch original die des byzantinischen Meisterwerks.

Die Betrachtung dieser Ikone wurde ein tiefes Erlebnis für mich. Es war die Erfahrung, durch die Fürsprache der heiligen Gottesmutter in das verborgene Leben Gottes hineingehoben zu werden. Beim Versuch, dieser Erfahrung Ausdruck zu verleihen, werde ich den Bewegungen meiner Betrachtung folgen: der Bewegung der Augen der Gottesmutter zu ihren Händen, von ihren Händen zum Kind und vom Kind zurück zu ihren Augen. Diese Bewegungen zeigten mir die Antwort auf die Frage: Zu wem gehören wir?

Die Ikone der Gottesmutter von Vladimir, auch bekannt als «Unsere liebe Frau der Zärtlichkeit», ist unter allen russischen Ikonen eine der am meisten verehrten. Sie wurde von einem anonymen griechischen Künstler zu Beginn des 12. Jahrhunderts gemalt. Um 1183 wurde sie von Konstantinopel nach Kiew gebracht und etwa zwanzig Jahre später von Kiew nach Vladimir, wo sie bis 1395 blieb. Diese Ikone wurde für mich nach und nach zu einer freundlichen, aber bestimmten Einladung, das bedrückende und entzweiende Milieu der Welt zu verlassen und in die befreiende und einende Umwelt Gottes einzutreten.

Gottesmutter von Vladimir
Russland
12. Jahrhundert

Die Augen der Gottesmutter

Als moderner, psychologisch geschulter Mensch suche ich immer zuerst Blickkontakt mit den Leuten, die ich treffe. Das gibt mir das Gefühl, angenommen oder zumindest ernst genommen zu sein. Aber als ich versuchte, mit der Gottesmutter von Vladimir in Blickkontakt zu kommen, musste ich feststellen, dass dies unmöglich war. Es irritierte mich zuerst regelrecht. Ich wollte, dass sie mich anschaute, als einzigartiges Individuum beachtete und als persönlichen Freund kannte. Aber die Muttergottes sah mich nicht an. In scharfem Gegensatz zu den meisten Renaissancemadonnen, deren anheimelnder Blick uns in eine zwischenmenschliche Beziehung hineinzieht, begibt sich die Gottesmutter von Vladimir nicht in unsere vertraute Wirklichkeit, sondern lädt uns ein, mit ihr in Gottes ewiges Leben einzutreten. Ihre Augen blicken zugleich nach innen und nach außen. Sie blicken nach innen zum Herzen Gottes und nach außen zum Herzen der Welt und zeigen so die nicht zu ergründende Einheit zwischen Schöpfer und Schöpfung. Sie sehen in der Zeit die Ewigkeit, im Vorübergehenden das Bleibende, im Menschlichen das Göttliche. Ihre Augen schauen hinauf zu den unendlichen Räumen des Herzens, wo Freude und Sorge nicht länger gegensätzliche Gefühle sind, sondern über sich selbst zu einer geistlichen Einheit hinausgehoben sind.

Die Bedeutung des Blickes von Maria wird dazu durch die hellen Sterne auf ihrer Stirn und ihren Schultern verstärkt (zwei sind sichtbar, der dritte wird vom Kind verdeckt). Sie weisen nicht nur auf ihre Jungfräulichkeit vor, während und nach der Geburt Jesu hin, sondern sprechen auch von einer göttlichen Gegenwart, die jede Faser ihres Wesens durchdringt. Sie ist ganz und gar offen für den Heiligen Geist, indem sie ihr Innerstes völlig auf die schöpferische Macht Gottes ausgerichtet hat. So schließen sich Mutterschaft und Jungfräulichkeit nicht länger gegenseitig aus. Im Gegenteil, sie bringen sich zur Vollendung. Marias Muttersein vollendet ihre Jungfräulichkeit, und ihre Jungfräulichkeit vollendet ihre Mutterschaft. Deshalb trägt sie im Griechischen den höchsten Ehrentitel, den ein Mensch jemals bekam: *Theotokos – Gottesgebärerin.*

Wenn wir zur Gottesmutter von Vladimir beten, erfahren wir, dass sie, obwohl sie nicht zu uns hinschaut, uns wirklich sieht. Sie sieht uns mit denselben Augen mit denen sie Jesus sieht. Es sind die Augen, die ihren Herrn sahen, bevor sie ihn empfing, das Wort betrachteten, bevor es in ihr Fleisch wurde, und Gott in sich spürten, bevor sie die Botschaft des Engels vernahm. Mit solchen Augen sieht Maria das Kind. Ihr Blick ist nicht der einer Mutter, die stolz auf ihr außergewöhnliches Baby ist; vielmehr sieht sie es mit den glaubenden Augen der Mutter Gottes. Bevor sie ihn mit leiblichen Augen sah, schaute sie ihn mit den Augen des Glaubens. Deshalb preist die Heilige Liturgie Maria immerfort als diejenige, die Gott im Herzen empfing, noch bevor sie ihn in ihrem Leib empfing.

Wie Maria Jesus sieht, so sieht sie auch die, die zu ihr beten: nicht als interessante Leute, die ihre Aufmerksamkeit verdienen, sondern als Menschen, die von der Finsternis der Sünde in das Licht des Glaubens gerufen sind, die berufen sind zu Gottes Töchtern und Söhnen. Es ist schwer für uns, unsere weltliche Identität als beachtenswerte Leute aufzugeben und unsere geistliche Identität als Kinder Gottes anzunehmen. Wir wollen so gern beachtet werden, dass wir schlecht darauf vorbereitet sind, wenn jemand uns wirklich sieht. Aber die Augen der Gottesmutter laden uns ein, unsere alten Anhänglichkeiten abzulegen und die frohe Botschaft anzunehmen, dass wir wirklich zu Gott gehören.

Die Hände der Gottesmutter

Die Hände der Gottesmutter waren das Zweite an der Ikone, was für mich wichtig wurde. Es ist unmöglich, länger mit der Ikone zu beten, ohne zu ihren Händen hingezogen zu werden.

Eine Hand hält das Kind, die andere bleibt frei in einer offenen, einladenden Geste. Zuerst glaubte ich, die Gottesmutter würde mit ihrer freien Hand auf Jesus zeigen. Aber jetzt weiß ich, dass das Wort «zeigen» den wahren Sinn ihrer Geste verfehlt. Sie bittet nicht einfach um Aufmerksamkeit für ihren Sohn, noch bringt sie uns zu ihm hin. Das wäre zu äußerlich, zu vereinnahmend, zu kontrollierend. Allmählich habe ich die Geste der Gottesmutter als freundliche Einladung sehen gelernt, näher zu Jesus zu rücken und in diesem Näherrücken den Gott zu entdecken, zu dem wir gehören.

Obwohl es so scheint, dass die Gottesmutter den zentralen Platz einnimmt, macht betende Aufmerksamkeit deutlich, dass ihre Anwesenheit ausschließlich auf das Kind gerichtet ist. Maria ist die Mutter Jesu. Ihre ganze Existenz ist für Jesus da. Ihre Hand lehrt nicht, erklärt nicht, plädiert nicht, sondern bietet ganz einfach das Kind als Heiland der Welt für alle an, die bereit sind, Jesus mit den Augen des Glaubens zu sehen.

Die Hand Marias, die das Zentrum der Ikone einnimmt, ist unbeschreiblich schön. In ihrer zentralen Stellung fasst sie die ganze Ikone zusammen. Sie lässt das ganze heilige Bild zum Ausdruck des Liedes Marias werden: «Hochpreist meine Seele den

Herrn, und mein Geist jubelt über Gott, meinen Retter» (Lukas 1,46–47) und fasst alles in eine Einladung zur Anbetung. Sie sagt: «Lobe Jesus, danke Jesus, verherrliche Jesus, bitte Jesus, bring deine Anliegen zu Jesus, und bete immer, immer zu Jesus!» Aber all das sagt sie so, wie eine Mutter zu ihren Kindern spricht: sie zwingt sie nicht, sondern schafft ihnen einen Raum, wo sie in sich selbst das Verlangen nach dieser immerwährenden Anbetung finden können.

Die Augen der Gottesmutter sind keine neugierigen, keine forschenden, nicht einmal verstehende Augen, sondern Augen, die uns unser wahres Selbst enthüllen. So sind auch ihre Hände nicht an sich reißend, fordernd oder hinbringend, sondern sie eröffnen uns einen Raum, wo wir uns Jesus ohne Angst nähern können.

Wenn wir vor der Ikone beten, gewinnt die weisende Hand Marias immer mehr an Bedeutung. In einem fort führt die Gottesmutter uns näher zu Jesus, als ob sie sagen wollte: «Ich bin nur hier, um euch zu Jesus zu geleiten.» Maria will, dass wir unsere Ängste aufgeben und, wie sie selbst, glauben, dass sich erfüllt, was der Herr verheißen hat (vgl. Lukas 1,45). Wenn wir unsere Aufmerksamkeit von ihren Augen zu ihren Händen hinwenden, erkennen wir allmählich ihre große Geduld. Das Wort Geduld kommt von dulden, das mit leiden verwandt ist. So wie der Leib des auferstandenen Herrn weiterhin die Wundmale seines Leidens trägt, so ist auch die Muttergottes in der Herrlichkeit eine Frau, deren Herz von Kummer durchdrungen war. Sie weiß, was es heißt, arm zu sein, unterdrückt zu sein, ein Flüchtling zu sein, verunsichert und im Ungewissen zu sein, was die Zukunft angeht, in Distanz gehalten zu werden, unter dem Kreuz zu stehen und Gedanken und Gefühle zu haben, die niemandem mitteilbar sind. Dieses Leid ist im Blick ihrer Augen und in der Geste ihrer Hände geblieben, nicht als Schmerz, der uns Angst einjagt, sondern als verklärter Ausdruck dessen, was sie erduldet hat.

Deshalb ist sie Mutter nicht nur für ihren gekreuzigten Sohn, sondern für alle Frauen und Männer, die in dieser Welt leiden müssen. Sie lädt uns Menschen, die wir mit Leid beladen sind, ein, zu Jesus zu kommen. Sie stößt uns nicht mit einer ungeduldigen Handbewegung zu ihm hin, sondern lädt uns einfach ein als jemand, der unsere Ängste und Bedenken, unseren Argwohn, unsere Zweifel und unsere Verunsicherung ganz genau kennt. Sie ist die geduldige Mutter, die auf den richtigen Augenblick wartet, um unser «Ja» entgegenzunehmen. Ihre Geduld ist groß, beharrlich und unerschütterlich. Ihre Hand ist immer bei der Mitte des Geheimnisses der Menschwerdung und lädt uns ein, zu Jesus zu gehen, der der Weg ist zu dem Haus Gottes, wo wir wirklich hingehören.

Das Kind der Gottesmutter

Schließlich sehen wir das Kind. Die Augen und Hände der Gottesmutter erhalten ihre große Bedeutung durch das Kind. Es mag zuerst scheinen, als wäre das Kind nebensächlich, doch im betenden Schauen auf die Ikone wird deutlich, dass das Kind allem, was es umgibt, seinen Sinn gibt. Es ist eine bewegende Erfahrung, wenn das Kind, das anfangs von Maria verdeckt wird, plötzlich hervortritt – nicht nur als Herr seiner eigenen Mutter, sondern als Herr aller Menschen und Dinge. Ich bin immer noch verblüfft, wie das Kind mit seinem leuchtenden Gesicht und seinem goldenen Mantel so lange in den geschwungenen Linien der Gottesmutter «verborgen» bleiben konnte. Jetzt kann ich die Ikone kaum noch betrachten, ohne das Kind als den Älteren, Weiseren, Stärkeren zu sehen. Jetzt ist die Mutter zu derjenigen geworden, die den Heiligen bei uns einführt und selbst in ehrfurchtsvoller Entfernung stehen bleibt.

Man kann leicht sehen, dass das Kind nicht ein kleines Kind ist. Es ist ein weiser Mann in Erwachsenenkleidern. Darüber hinaus weisen sein leuchtendes Gesicht und seine goldene Tunika darauf hin, dass dieser weise Mann in Wahrheit das Wort Gottes voller Glanz und Majestät ist. Er ist das Fleisch gewordene Wort, der Herr aller Zeiten, der Ursprung aller Weisheit, das Alpha und das Omega der Schöpfung, die Herrlichkeit Gottes. Alles ist Licht am Kind und um das Kind. In ihm gibt es keine Finsternis. Er ist, mit den Worten des Konzils von Nizäa, «Gott von Gott, Licht von Licht, wahrer Gott vom wahren Gott».

Das Kind der Gottesmutter von Vladimir zu betrachten ist, wie wenn man ein Licht entdeckt, das immer schon da war, aber das man wegen anfänglicher Blindheit nicht sehen konnte. Betrachte das Gesicht des Kindes! Ein wunderbares Licht fällt von der rechten Seite der Ikone ein, welches die Nase der Gottesmutter sanft berührt und das Gesicht des Kindes erleuchtet. Aber auch von innen kommt Licht. Es ist eine innere Glut, die nach außen strahlt und die Innigkeit zwischen Mutter und Kind, die schon durch die zärtliche Umarmung ausgedrückt ist, noch vertieft. Dieses Licht erleuchtet und gibt Wärme. Es ist kein plötzlicher, störender Blitz, sondern das allmähliche Aufscheinen einer zärtlichen, leuchtenden Innigkeit. Diese Licht schenkende Innigkeit hat diese Ikone nicht nur zu einem Meisterwerk der Kunstgeschichte gemacht, sondern – was wichtiger ist – sie hat zahllose Menschen in betende Gemeinschaft mit dem Herrn geführt. Gläubige Menschen aus der ganzen Welt sind neun Jahrhunderte lang zu diesem heiligen Bild gekommen, um von seiner Leben spendenden Zärtlichkeit getröstet und gestärkt zu werden.

Doch da ist noch viel mehr! Das göttliche Kind gibt sich ganz seiner Mutter hin. Sein Ärmchen umfasst sie in liebevoller Umarmung, seine Augen sind ganz aufmerksam auf die ihrigen gerichtet, und sein Mund ist dicht an ihrem und teilt ihr seinen göttlichen Atem mit. Wie nahe kommt diese Schau von Gottes totaler, uneingeschränkter Fürsorge für die Menschheit dem Geheimnis der Inkarnation! Dieses heilige Bild gibt das Gebet wieder, das Jesus für seine Jünger an seinen Vater richtete: «Die Worte, die du mir gegeben hast, habe ich ihnen gegeben, und sie haben sie angenommen» (Johannes 17,8).

Jesus schenkt seine ganze göttliche Weisheit der Mutter der Menschen. Alles, was er bekommen hat, schenkt er weiter; alles, was er gesehen hat, offenbart er; alles, was er gehört hat, spricht er aus; alles, was er ist, teilt er mit. Das Bild ist auch wie ein Widerhall der Verheißung Jesu: «Wenn ihr mich um irgendetwas in meinem Namen bittet, werde ich es tun» (Johannes 14,14).

Dazu gibt Jesus nicht nur alles, er empfängt auch alles. Er sagt nicht nur alles, was er gehört hat, er hört auch alles, was ihm gesagt wird. Er offenbart nicht nur alles, was er gesehen hat, sondern erleuchtet auch alles, was ihm gezeigt wird. Nichts, was von seiner Mutter zu ihm kommt, entgeht seiner göttlichen Aufmerksamkeit. Alles, was sie ihm zeigt, wird aufgenommen, gehört und verstanden. Deshalb ist Maria die Fürsprecherin der Menschen, die Mutter, die für ihre Kinder eintritt, was für Nöte auch immer sie haben mögen.

Die zärtliche Umarmung zwischen dieser Mutter und ihrem Kind hat nichts mit Sentimentalität zu tun. Sie ist Ausdruck des geheimnisvollen Austausches zwischen Gott und den Menschen und wurde ermöglicht durch die Fleischwerdung des Wortes.

Das Tiefe und Bleibende dieses wechselseitigen Austausches wird sichtbar im breiten Nacken des Kindes, der deshalb so übergroß gemalt wurde, weil er den Heiligen Geist darstellt. Geist meint «Atem». Der Heilige Geist ist der Atem Gottes. Es ist derselbe göttliche Atem, den Jesus der Menschheit schenkt: «Wenn der Beistand kommt, den ich euch vom Vater senden werde, der Geist der Wahrheit, der vom Vater ausgeht, wird er von mir Zeugnis ablegen» (Johannes 15,26). Jesus schenkt den Menschen nicht nur sein Licht, sondern auch seinen Atem und sein innerstes Leben, sodass wir ihm wirklich als seine Brüder und Schwestern zugehören können und seinem himmlischen Vater als Söhne und Töchter.

Die Augen der Gottesmutter lenken unsere Aufmerksamkeit auf ihre Hände, die Hände auf das Kind, und das Kind führt uns zurück zu ihr, die im Namen der ganzen Menschheit zu ihrem Sohn spricht.

Der verborgene Vater

Ich habe deutlich zu machen versucht: Durch betende Aufmerksamkeit erkennen wir, dass das Kind derjenige ist, zu dem zu gehen wir aufgerufen werden, und dass das Kind uns – vertreten durch seine Mutter – das Geschenk seines eigenen Atems macht, welcher das geistliche Leben ist.

Aber was ist mit dem Vater, der den Sohn sendet und dessen Liebe zum Sohn der Heilige Geist ist? Der Vater fehlt nicht! Im Gegenteil, er ist ganz anwesend, tatsächlich allgegenwärtig. Wir werden seine Anwesenheit wohl kaum wahrnehmen, wenn wir es nicht wagen, das Bild als Ganzes zu sehen. Betrachten wir es aus der Entfernung, sehen wir, dass Mutter und Kind in der Form eines Dreieckes gemalt sind, welches in einen rechteckigen Rahmen hineingestellt ist. Der rechteckige Rahmen stellt die Welt dar, die von Gott geliebt ist, aber von der Sünde und den Mächten des Bösen gefangen gehalten wird. Das Dreieck, in dem das Geheimnis der Menschwerdung deutlich gemacht wird, zeigt die erlösende Gegenwart des dreieinigen Gottes: Vater, Sohn und Heiliger Geist. Obwohl man den Vater nicht direkt sehen kann, lässt doch die geometrische Form der Ikone den Vater als den göttlichen Maler unserer Erlösung erkennen.

So ist die Gottesmutter von Vladimir der bildliche Ausdruck der Worte Jesu zu Nikodemus: «Denn so sehr hat Gott die Welt geliebt, dass er seinen einzigen Sohn hingab, damit jeder, der an ihn glaubt, nicht verloren geht, sondern das ewige Leben hat» (Johannes 3,16). Was ist das ewige Leben anderes als in das Haus Gottes hineingehoben zu sein und zum Teilnehmer an der innigen Gemeinschaft zwischen Vater, Sohn und Geist gemacht worden zu sein? Das meint «zu Gott gehören» in vollen Sinne. Zu dieser Zugehörigkeit lädt uns die Gottesmutter von Vladimir ein.

III
Die Ikone des Erlösers von Zvenigorod: Christus sehen

Christus sehen heißt Gott und alle Menschen sehen. Dieses Geheimnis hat in mir ein brennendes Verlangen wachgerufen, das Antlitz Jesu zu sehen: Unzählige Bilder wurden im Lauf der Jahrhunderte geschaffen, um das Antlitz Jesu darzustellen. Manche haben mir geholfen, es zu sehen; andere nicht. Doch als ich Andrej Rublevs Christusikone sah, sah ich, was ich nie zuvor gesehen, und empfand ich, was ich nie zuvor empfunden hatte. Ich wusste im gleichen Moment, dass meine Augen auf ganz besondere Weise gesegnet worden waren.

Andrej Rublev malte seine Christusikone zu Beginn des 15. Jahrhunderts als Teil eines Ikonostas, den er für eine Kirche in der russischen Stadt Zvenigorod anfertigte. Aus diesem Grund wird die Ikone oft der «Erlöser von Zvenigorod» genannt. Vom ursprünglichen Ikonostas sind nur drei Tafeln übrig geblieben: die Tafel mit dem Erzengel Michael, die Tafel mit dem Apostel Paulus und die Tafel, auf der Christus der Erlöser dargestellt ist. Dieses letzte Bild hat mich tiefer als irgendein anderes Kunstwerk dazu gebracht, Christus zu sehen. Deshalb drängte es mich lange, über diese Ikone zu schreiben.

Den Christus von Rublev zu sehen ist ein Geschehen, das sich in einem langen Zeitraum ereignet und wachsende betende Aufmerksamkeit erfordert. Noch nach Monaten, in denen ich den Erlöser von Zvenigorod anschaute, kann ich nicht behaupten, ihn voll und ganz gesehen zu haben. Es scheint, als öffne sich die

Ikone mir umso mehr, je länger ich sie betrachte, und enthülle mir immer wieder etwas Neues. In ihr habe ich ein beschädigtes Gesicht gesehen, ein unendlich sanftes menschliches Gesicht und Augen, die sowohl das Herz Gottes als auch das Herz jedes Menschen durchdringen. Ich möchte versuchen, diese verschiedenen Sehweisen zu beschreiben, wobei ich mir bewusst bin, dass ich in der Gegenwart dieses heiligen Antlitzes immer noch blind bin.

Andrej Rublev malte seine Christusikone zu Beginn des 15. Jahrhunderts als Teil eines Ikonostas, den er für eine Kirche in der russischen Stadt Zvenigorod anfertigte. Aus diesem Grund wird die Ikone oft der «Erlöser von Zvenigorod» genannt. Vom ursprünglichen Ikonostas sind nur drei Tafeln übrig geblieben: die Tafel mit dem Erzengel Michael, die Tafel mit dem Apostel Paulus und die Tafel, auf der Christus der Erlöser dargestellt ist.
Diese großenteils zerstörte Ikone wurde 1918 in einer Scheune neben der Maria-Himmelfahrts-Kathedrale in Zvenigorod gefunden.
Für mich zeigt dieses heilige Antlitz die Tiefe des großen Erbarmens Gottes inmitten unserer immer gewalttätiger werdenden Welt. Lange Jahrhunderte von Krieg und Zerstörung hat das Antlitz des Fleisch gewordenen Wortes von Gottes Gnade gesprochen, uns an das Bildnis erinnert, nach dem wir geschaffen wurden, und uns zur Umkehr gerufen.
Es ist wirklich das Bild des Friedensbringers.

Andrej Rublev
Der Erlöser
Anfang des 15. Jahrhunderts

Ein beschädigtes Bild sehen

Mein erster Eindruck von Rublevs Ikone des Erlösers war der, dass sie schwer beschädigt ist. Das Gesicht Christi ist das einzige Gesicht, das auf der Tafel in der Mitte des Ikonostas übrig geblieben ist; ursprünglich waren auf ihm auch noch die Gesichter von Maria und Johannes dem Täufer abgebildet. Bevor ich die Schönheit des Antlitzes des Erlösers und seiner durchdringenden Augen deutlich sehen konnte, beschäftigte mich die Tatsache, dass sogar das Gesicht selbst beschädigt ist: Ein großer Teil des Haares und kleine Partien der Stirn sind nicht mehr zu sehen, und die Farbe an Kinn, Hals und Brust hat Risse. Dunkle Streifen ziehen sich von der Unterlippe zur roten Tunika hin, und der Mantel, der die Schultern und die Tunika bedeckt, ist an mehreren Stellen beschädigt. Der linke untere Teil der Ikone hat ganz und gar die Farben verloren.

Als ich die Ikone zum ersten Mal sah, hatte ich das Gefühl, dass das Gesicht Christi inmitten eines großen Chaos hervortritt. Ein trauriges, aber trotzdem sehr schönes Gesicht schaut uns an aus den Trümmern unserer Welt. Vielleicht war das der Grund, warum mich dieses Gesicht so lange verfolgt hat. Bringt es eine Klage, einen Tadel oder einfach nur die Frage zum Ausdruck: «Was habt ihr gemacht mit dem Werk meiner Hände?»

Diese großenteils zerstörte Ikone wurde 1918 in einer Scheune neben der Maria-Himmelfahrts-Kathedrale in Zvenigorod gefunden. Zusammen mit ihr entdeckte man die Ikonen des Erzengels Michael und des heiligen Paulus. Der russische Kunsthistoriker und Maler Vladimir Desyatnikov berichtet uns davon:

«Sie wurde ganz zufällig von dem Restaurator Vasili Kirikov gefunden. Als er gerade eine der Stufen, die in die Scheune führten, überschritt, stockte ihm vor Erstaunen über das, was er sah, der Atem. Da starrte ihn ein Gesicht an: das Gesicht des Erlösers, gemalt von Andrej Rublev… Bis zum heutigen Tag wird *Der Erlöser*, der in Zvenigorod gefunden wurde, in der russischen Kunst ›Der Friedensbringer‹ genannt. Es lässt sich schwerlich ein passenderer Beiname finden – fast sechs Jahrhunderte lang hatte der Erlöser mit russischem Gesicht und gütigen, verständnisvollen Augen, die tiefe Fürsorge zum Ausdruck bringen, ganze Generationen angeblickt.«

Wenn ich die große Holztafel anschaue, auf der nur noch das Gesicht Christi übrig geblieben ist, kann ich mir gut vorstellen, wie tief erschüttert Vasili Kirikow gewesen sein musste, als er zum ersten Mal das Gesicht Christi sah, wie es ihn in der Scheune anstarrte. Für mich zeigt dieses heilige Antlitz die Tiefe des unermesslich großen Erbarmens Gottes inmitten unserer immer gewalttätiger werdenden Welt. Lange Jahrhunderte von Krieg und Zerstörung hat das Antlitz des Fleisch gewordenen Wortes von Gottes Gnade gesprochen, uns an das Bildnis erinnert, nach dem wir geschaffen wurden, und uns zur Umkehr gerufen. Es ist wirklich das Bild des Friedensbringers.

Die Geschichte dieser Ikone, eine Geschichte des Verlierens und Wiederfindens, enthält zugleich eine Warnung und eine Beruhigung. Christus warnt uns vor unserer eigenen Zerstörungswut und macht gleichzeitig deutlich, dass Gottes Liebe stärker ist, viel stärker als unser Hang zur Zerstörung dessen, was so wunderbar geschaffen wurde. Es scheint einen Tadel auszudrücken: «Wenn doch auch du… erkannt hättest, was zu deinem Frieden ist» (Lukas 19,42); aber auch eine Einladung: «Kommt alle zu mir, die ihr mühselig und beladen seid; ich will euch Ruhe verschaffen. Nehmt mein Joch auf euch und lernt von mir, denn ich bin sanftmütig und demütig von Herzen» (Matthäus 11,28–29).

Als ich mit Rublevs Christus vertrauter wurde, begann das Bild des Erlösers wichtiger zu werden als seine zerstörte Umgebung. Was zerstört war, beschäftigte mich allmählich weniger als das, was zu sehen war: die wunderbare Gestalt Jesu, gemalt in einer sanften, aber doch strengen Schönheit, so wie ich sie nirgendwo anders auf Erden gesehen hatte.

Besonders bemerkenswert bei dieser Christusikone ist, dass der Maler eine leichte Bewegung dargestellt hat. Schultern und Brust sind in Dreiviertelansicht gemalt, Gesicht, Augen, Nase und Lippen dagegen blicken uns voll an. Auf diese Weise sehen wir Jesus, wie er sich zu uns hinwendet. Je länger wir vor der Ikone beten, desto stärker werden wir diese Bewegung spüren. Es ist, als ob Jesus gerade an uns vorübergehen würde, uns dann aber bemerkt, sich uns zuwendet und uns direkt in die Augen schaut.

Das erinnert mich an die Begegnung zwischen Jesus und Petrus, nachdem Petrus ihn verleugnet hatte: «Da wandte sich der Herr um und blickte Petrus an. Und Petrus erinnerte sich an das Wort des Herrn, wie er zu ihm gesagt hatte: Ehe heute der Hahn kräht, wirst du mich dreimal verleugnen» (Lukas 22,61). Wie Petrus haben wir es nötig, an unsere selbstsicheren Versprechungen erinnert zu werden, an unsere Unfähigkeit, sie zu halten, unseren Mangel an Treue und unsere Ohnmacht, wenn wir auf uns selbst angewiesen sind. Aber wie Petrus werden wir auch an eine Liebe erinnert, die uns nicht verlässt, ein Erbarmen, das keine Grenzen kennt, und eine Vergebungsbereitschaft, die uns immer wieder neu entgegengebracht wird. Als Petrus spürte, wie die Augen Jesu sein Innerstes durchdrangen und er seine eigene

Schwachheit und die Liebe Jesu in eins sah, «ging er hinaus und weinte bitterlich» (Lukas 22,62). Wenn wir Rublevs Erlöser anschauen, verstehen wir die Tränen des Petrus besser. Wir spüren sie in uns selbst. Es sind zugleich Tränen der Reue und der Dankbarkeit für so viel Liebe.

Obwohl Rublevs Ikone eine so eigene Schönheit besitzt, dass sie mit keiner anderen verglichen werden kann, ist sie doch tief verwurzelt in einer jahrhundertealten Weise, das Gesicht Christi zu malen. Sosehr Rublevs Ikone eine eigenständige Schöpfung ist, so sehr ist sie auch der Tradition verbunden. Das volle Haar Christi, seine hohe Stirn, seine großen geöffneten Augen, seine lange Nase, sein kleiner Mund mit Schnurrbart, sein Vollbart, sein gelängtes Gesicht und sein breiter Hals sind nicht nach einem menschlichen Modell gemalt und sind auch nicht das Ergebnis von Rublevs eigener Erfindung. Er malte den Erlöser in heiliger Unterwerfung unter eine sehr genau vorgeschriebene Malweise, die von griechischen und russischen Ikonenmalern von Generation zu Generation weitergegeben wurde. Die Farben sind unbeschreiblich schön. Verschiedene Kunsthistoriker haben versucht, sie zu beschreiben.

M. Alpatov schreibt: «Da herrscht ein Zusammenklang der Farben, eine Harmonie von kalten Blautönen mit mildem Rosa und Gold … Kaum aufgehellt wie bei der Freskomalerei, sind die Farben mit großer Klarheit voneinander abgegrenzt. Sie harmonieren mit der Sanftheit, die das Gesicht widerspiegelt» (Alpatov, 74).

Und V. N. Lazarev fügt hinzu: «Die unvergleichliche Schönheit der kühlen, hellen Farben der … Ikone nimmt den Betrachter gefangen. Die blauen und himmelblauen, die rosa, die gedämpft violetten und kirschroten Farbtöne sind so vollkommen vor den goldenen Hintergrund gesetzt, dass sie häufig musikalische Assoziationen wecken. Rublev benutzte die Farbe als Mittel, um geistige Qualitäten zu zeigen» (Lazarev, 21).

Die Farbe, die am meisten beeindruckt, ist das Blau des Mantels, der die Schultern des Erlösers bedeckt. Auf vielen griechischen und russischen Ikonen wird Christus mit einer roten Tunika dargestellt, die von einem blauen Mantel bedeckt ist, während die Gottesmutter mit rotem Schleier über einer blauen Tunika dargestellt wird. Rot ist die Farbe des Göttlichen, Blau die der Menschheit. Christus, das göttliche Wort, wird von Gott mit der Menschheit bekleidet. Die Gottesmutter, ein Mensch, ist überschattet von der Göttlichkeit des Geistes.

Rublev hält sich an dieses Farbschema, aber sein Blau ist intensiver und leuchtender als das auf jeder anderen mir bekannten Christusikone. Ja, es scheint, dass Rublev die Menschheit Christi stärker betonen wollte als seine Vorgänger. Der blaue Mantel lässt uns das liebevolle Menschenantlitz Gottes deutlicher sehen. Es ist ausgestattet «mit einem unwiderstehlichen Liebreiz, mit einer Milde, in der keine Spur von byzantinischer Strenge vorhanden ist. Rublevs tief menschlicher Christus erinnert an die berühmte Statue Christi auf dem Tympanon der Königlichen Tür der Kathedrale von Chartres. Beide, der russische und der frühgotische Meister, vermenschlichen Christus in einem solchen Maß, dass wir das Abstrakte, Kulthafte der Repräsentation aus den Augen verlieren» (Lazarev, 21).

Rublevs Christus ist «eine seltene Kombination von Anmut und Strenge, Sanftheit und Entschiedenheit, die vor allem den Zauber menschlicher Tugend ausdrückt» (Alpatov, 74).

Die meisten Ikonen von Jesus, griechische wie russische, erwecken große Ehrfurcht durch ihre strengen und harten Züge. Manche sind sogar Furcht einflößend. Sie betonen die Größe der göttlichen Majestät so sehr, dass der Eindruck entsteht, die einzig angemessene Antwort darauf wäre, sich vor ihnen niederzuwerfen in demütigem Bekenntnis der eigenen völligen Unwürdigkeit gegenüber der Gegenwart Gottes. Aber wenn wir Rublevs Christus anschauen, geschieht etwas Neues. Es sieht so aus, als würde Jesus von seinem Thron herabsteigen, unsere Schulter berühren und uns ermuntern, aufzustehen und ihn anzuschauen. Sein schönes, offenes Gesicht weckt Liebe, nicht Furcht. Er ist Immanuel, Gott-mit-uns. Er sagt: «Ich bin es selbst! Fasst mich doch an und seht!» (Lukas 24,39). Er bittet uns sogar um Speise, damit wir merken, dass er kein Geist ist, sondern ein Mensch, mit dem wir sprechen und essen können (vgl. Lukas 24,36–43). Wir sind noch voll Ehrfurcht, aber es ist eine Ehrfurcht, in der Freude ist, dieselbe Freude, die die Jünger erfüllte, als sie ihren auferstandenen Herrn erkannten (vgl. Lukas 24,41).

Augen sehen, die sowohl das Herz Gottes als auch das Herz jedes Menschen durchdringen

Was schließlich das Betrachten der Ikone Rublevs zu einer so tiefen geistlichen Erfahrung macht, sind die Augen des Erlösers. Ihr Blick ist so geheimnisvoll und tief, dass jedes Wort, das sie zu beschreiben versuchte, unzulänglich ist. Während die Augen der Gottesmutter von Vladimir über uns hinaussehen, um uns in das Geheimnis ihrer eigenen Betrachtung hineinzuführen, blickt der Christus von Rublev uns direkt an und konfrontiert uns mit seinen durchdringenden Augen. Es sind große, offene Augen, betont durch starke Brauen und tiefe, runde Schatten. Sie sind nicht hart oder richterlich, aber sie sehen alles, was ist.

Sie bilden die Mitte der Ikone. Man könnte sagen: «Jesus ist ganz Auge.» Sein durchdringender Blick erinnert an die Worte des Psalmisten:

> *Herr, du erforschest mich,*
> *und du kennst mich.*
> *Wenn ich sitze oder wenn ich stehe, du weißt es.*
> *Meine Gedanken schaust du von ferne,*
> *du schaust mich, wenn ich gehe und ruhe,*
> *all meine Wege sind dir vertraut.*
> *Wohin soll ich flüchten vor deinem Geist,*
> *wohin vor deinem Angesicht entfliehen?*
> (Psalm 139,1–3.7)

Diese Worte sprechen nicht von einer Angst einjagenden Allgegenwärtigkeit, sondern von der liebenden Sorge dessen, der sich zu allen Zeiten und an allen Orten um uns kümmert. Die Augen von Rublevs Jesus sind weder sentimental noch richterlich, weder fromm noch schroff, weder süß noch hart. Es sind die Augen Gottes, die uns an unseren geheimsten Orten sehen und uns mit göttlicher Gnade lieben. N. A. Dyomina schreibt:

«Der Ausdruck im Gesicht Christi ist das deutlichste Merkmal seiner (Rublevs) neuen Auffassung. Der Blick ist mit konzentrierter Aufmerksamkeit auf die Betrachter gerichtet und mit dem Verlangen, in ihr Herz zu blicken und sie zu verstehen. Die Brauen sind leicht hochgezogen, aber das erweckt nicht den Eindruck von Anspannung oder Schmerz: Der Blick ist klar und gütig. Wir sehen eine starke Persönlichkeit vor uns, die genügend physische und moralische Kraft besitzt, um denen Hilfe zu bringen, die sie nötig haben» (Lazarev, 22).

Und Alpatov fügt hinzu: «Vor der Ikone des Erlösers (von Rublev) wissen wir uns Auge in Auge mit ihm; wir schauen ihm direkt ins Gesicht und spüren Nähe zu ihm» (Alpatov, 73).

Diese Erfahrung des Auge-in-Auge leitet uns in die Mitte des großen Geheimnisses der Menschwerdung. Wir können Gott sehen und am Leben bleiben! Wenn wir versuchen, unsere Augen auf die Augen Jesu zu heften, wissen wir, dass wir Gottes Augen sehen. Was für ein größeres Verlangen gibt es im Herzen der Menschen, als Gott zu sehen? Mit dem Apostel Philippus schreit unser Herz: «Herr, zeig uns den Vater, und es genügt uns.» Und der Herr antwortet: «Wer mich gesehen hat, hat den Vater gesehen … Glaubst du nicht, dass ich im Vater bin und dass der Vater in mir ist?» (Johannes 14,8–10). Jesus ist die vollständige Offenbarung Gottes, «das Bild des unsichtbaren Gottes» (Kolosser 1,15). In die Augen Jesu schauen ist die Erfüllung unserer tiefsten Sehnsucht.

Es ist schwer, dieses Geheimnis zu erfassen, aber wir müssen versuchen, zu erspüren, wie die Augen des Fleisch gewordenen Wortes in ihrem Blick wirklich alles umfassen, was man sehen kann. Die Augen von Rublevs Christus sind die Augen des Menschen- und Gottessohnes, wie er in der Offenbarung des Johannes beschrieben wird. Sie sind wie Feuerflammen, die das Geheimnis des Göttlichen durchdringen. Sie sind die Augen dessen, dessen Gesicht leuchtet wie die Sonne in all ihrer Kraft und dessen Name heißt: das Wort Gottes (vgl. Offenbarung 1,14–16; 2,18; 19,12–13). Es sind die Augen dessen, der ist «Licht vom Licht, wahrer Gott vom wahren Gott, gezeugt, nicht geschaffen, eines Wesens mit dem Vater, durch ihn ist alles geschaffen» (Glaubensbekenntnis von Nizäa). Ja, er ist das Licht, in dem alles geschaffen ist. Er ist das Licht des ersten Tages, als Gott das

Licht sprach, es von der Finsternis schied und sah, dass es gut war (vgl. Genesis / 1 Mose 1,3). Er ist auch das Licht des neuen Tages, das in der Finsternis scheint, «und die Finsternis hat es nicht ergriffen» (Johannes 1,5). «Er ist das wahre Licht, das jeden Menschen erleuchtet» (Johannes 1,9). Es erfüllt uns mit scheuer Ehrfurcht, in die Augen dessen zu blicken, der als einziger wahrhaft das Licht sieht und dessen Sehen sich nicht von seinem Wesen unterscheidet.

Gleichwohl sind die Augen Christi, die den Glanz von Gottes Licht sehen, dieselben, die die Niedrigkeit des Volkes Gottes gesehen haben. Dieselben Augen, die Gottes ewiges Geheimnis durchdringen, haben auch in das innerste Wesen der Männer und Frauen geblickt, die nach Gottes Bild geschaffen sind. Sie sahen Simon, Andreas, Jakobus, Philippus, Natanael und Levi und riefen sie in die Nachfolge. Sie sahen Maria Magdalena, die Witwe von Naim, die Lahmen und Aussätzigen und die hungrige Volksmenge und schenkten ihnen Heilung und neues Leben. Sie sahen die Traurigkeit des reichen jungen Mannes, die Angst seiner Jünger auf dem See, die Einsamkeit seiner eigenen Mutter unter dem Kreuz und die Furcht der Frauen am Grab. Sie sahen den unfruchtbaren Feigenbaum, den entweihten Tempel und die ungläubige Stadt Jerusalem. Doch sahen sie auch Glauben: den Glauben der Männer, die ihren gelähmten Freund durch das Dach herabließen, den Glauben der kanaanitischen Frau, die um die Brocken bat, die vom Tisch des Herrn herabfielen, den Glauben des Hauptmanns, dessen Knecht gelähmt war und große Schmerzen hatte, den Glauben des blinden Bartimäus, der um Erbarmen rief, und den Glauben der blutflüssigen Frau, die die Quaste seines Mantels berührte.

Derjenige, der unaufhörlich die grenzenlose Güte Gottes sieht, kam in die Welt, sah sie in Stücke zerbrochen durch die

Sünde der Menschen und wurde von Mitleid bewegt. Dieselben Augen, die in Gottes Herz schauen, sahen auch das Leid der Menschen Gottes und weinten (vgl. Johannes 11,35). Diese Augen, die wie Feuerflammen lodern und Gottes eigenes Inneres durchdringen, enthalten auch Ozeane von Tränen über das Leid der Menschen aller Zeiten und Orte. Das ist das Geheimnis der Augen von Rublevs Christus.

Vorbereitung auf die ewige Schau

Den Christus von Rublev zu sehen ist ein tiefes Erlebnis. Durch die Trümmer unserer Welt sehen wir das leuchtende Antlitz Jesu, ein Antlitz, das weder Gewalt noch Zerstörung, noch Krieg endgültig vernichten können. Wir sehen seine sanfte Menschlichkeit, die uns auffordert, unsere Ängste beiseitezuschieben und uns ihm mit Vertrauen und Liebe zu nähern. Wir sehen seine Augen; Augen, die nicht nur Gottes eigenes Inneres durchdringen, sondern auch die Unermesslichkeit menschlichen Leides in der ganzen Geschichte. So führt uns das Sehen von Christus ebenso zum Herzen Gottes wie zum Herzen all dessen, was menschlich ist. Es ist ein heiliges Erlebnis, in dem Betrachten und Mitleiden eins werden und in dem wir vorbereitet werden für ein ewiges Leben des Sehens.

IV.
Die Ikone der Herabkunft des Heiligen Geistes: Die Welt befreien

Christsein ist keine Sache für Einzelgänger. Trotzdem denken wir, was das geistliche Leben betrifft, in höchst individualistischen Begriffen. Wir sind darauf getrimmt, eigene Ideen zu haben, unsere eigene Meinung zu äußern und uns um unsere eigenen Angelegenheiten zu kümmern. Die europäische und amerikanische Erziehung legt so viel Wert auf die Entwicklung einer eigenständigen Persönlichkeit, dass wir in anderen Leuten eher potentielle Ratgeber, Führer und Freunde auf dem Weg der Selbstverwirklichung zu sehen gelernt haben als gemeinsame Gefährten einer Gemeinschaft des Glaubens.

Ich ertappe auch mich selbst dabei, in der Intimität meiner Beziehung zu Gott mehr über *meinen* Glauben, *meine* Hoffnung, *meine* Liebe nachzudenken als über *unseren* Glauben, *unsere* Hoffnung, *unsere* Liebe. Ich mache mir Sorgen um *mein* persönliches Gebetsleben, stelle Betrachtungen über *meine* Zukunft als gebildeter Mensch an und denke darüber nach, wie viel Gutes *ich* für andere getan habe oder tun werde. Bei alledem schenke ich immer meinem ganz persönlichen geistlichen Leben die meiste Beachtung.

Die Herabkunft des Heiligen Geistes, eine russische Ikone, die gegen Ende des 15. Jahrhunderts gemalt wurde, hat mir wieder deutlich ins Bewusstsein gerufen, dass ein Leben im Geist wesentlich ein Leben in Gemeinschaft bedeutet. Obwohl ich sie verstandesmäßig schon kannte, hat eine lange und intensive

Begegnung mit dieser Pfingstikone der russischen Schule von Nowgorod dieses verstandesmäßige Wissen allmählich verinnerlicht und zu Herzenswissen werden lassen.

Dass Gott die Fülle seiner Liebe zuallererst in der Gemeinschaft offenbart und dass die Verkündigung der frohen Botschaft dort ihren wesentlichen Ursprung besitzt, hat radikale Konsequenzen für unser eigenes Leben. Denn jetzt geht es nicht mehr um die Frage: Wie kann ich mein geistliches Leben am besten entfalten und mit anderen teilen?, sondern darum: Wo finden wir die Gemeinschaft des Glaubens, auf die der Geist Gottes herabsteigt und von der Gottes Botschaft der Hoffnung und Liebe als Licht in die Welt gebracht werden kann? Sobald diese Frage unser wichtigstes Anliegen wird, können wir das geistliche Leben nicht länger vom Gemeinschaftsleben trennen, die Zugehörigkeit zu Gott nicht von der Zugehörigkeit zueinander, Christus sehen nicht länger davon, uns gegenseitig in ihm zu sehen.

Als ich mich näher mit dieser Pfingstikone beschäftigte, entdeckte ich allmählich viele neue Gesichtspunkte des geistlichen Lebens, die andere Ikonen mir nicht deutlich gemacht hatten. Zuerst sah ich, wie Gott sich uns an Pfingsten als der Gott-in-uns offenbart hat. Dann begriff ich, wie dieser Gott-in-uns eine neue Gemeinschaft des Glaubens schafft, in der Einheit und Verschiedenheit sich gegenseitig vertiefen. Schließlich entdeckte ich, wie diese Gemeinschaft des Glaubens eine lebendige Mitte bildet, von der aus die Befreiung der Welt vor sich gehen kann.

Jetzt möchte ich gerne ausführlicher zeigen, wie diese drei Gesichtspunkte des geistlichen Lebens in der «Herabkunft des Heiligen Geistes» ihren Ausdruck finden.

Die Herabkunft des Heiligen Geistes,
eine russische Ikone der Schule von Nowgorod, gegen Ende des
15. Jahrhunderts gemalt, hat mir wieder deutlich ins
Bewusstsein gerufen, dass ein Leben im Geist wesentlich ein
Leben in Gemeinschaft bedeutet.
Die Ikone der Herabkunft des Heiligen Geistes ist eine Tür,
die uns in das Geheimnis von Gottes verborgenem Leben führt.
Als ich mich näher mit dieser Pfingstikone beschäftigte,
entdeckte ich allmählich viele neue Gesichtspunkte des geistlichen
Lebens. Zuerst sah ich, wie Gott sich uns an Pfingsten als
der Gott-in-uns offenbart hat. Dann begriff ich, wie dieser
Gott-in-uns eine neue Gemeinschaft des Glaubens schafft,
in der Einheit und Verschiedenheit sich gegenseitig vertiefen.
Schließlich entdeckte ich, wie diese Gemeinschaft des Glaubens
eine lebendige Mitte bildet, von der aus die Befreiung
der Welt vor sich gehen kann.

Schule von Nowgorod
Pfingstikone
Ende 15. Jahrhundert

Was mir zuerst an dieser Ikone auffällt, ist ihre Ruhe. Die zwölf Apostel und Evangelisten, die in tiefer Ruhe in einem Halboval sitzen, strahlen Ordnung, Frieden und Feierlichkeit aus. Ihre harmonische Erscheinung verstärkt die Symmetrie und das Gleichgewicht der ganzen Ikone.

Diese Ruhe steht in großem Gegensatz zur eigentlichen Pfingstgeschichte. Dort (Apostelgeschichte 2,1–13) lesen wir von einem plötzlichen Brausen vom Himmel her, einem heftigen Sturm, Feuerzungen, Worten, die in verschiedenen Sprachen gesprochen werden, Bestürzung, Staunen und von der sarkastischen Bemerkung über «zu viel Wein». Die Ikone zeigt nichts davon: kein Brausen, keine Worte, keine sprechenden Jünger, keine erregte Volksmenge, keine skeptischen Zuschauer, nicht einmal Feuerzungen, sondern nur zwölf kurze Strahlen, die von einem Kreissegment, das den Himmel symbolisiert, nach unten ausgehen. Wir sehen vollendete Ruhe, Ordnung und Harmonie.

Hat der Maler vergessen, was sich wirklich ereignet hat? Nein, aber er wollte den tiefsten Sinn von Pfingsten darstellen. Er will das innere Geschehen ausdrücken. Wie die meisten großen Ikonen ist auch die «Ikone der Herabkunft des Heiligen Geistes» weniger eine Illustration einer biblischen Erzählung als die Darstellung einer theologischen Wahrheit. Die Wahrheit, die durch diese Ikone hervortritt, ist die: Gott vollendet die Offenbarung des verborgenen göttlichen Lebens dadurch, dass er uns göttlichen Geist gibt, um so wirklich der Gott-in-uns für uns zu werden.

Zuerst, in der Exodus-Geschichte, offenbart sich Gott als ein Gott-für-uns, der uns aus unserer Knechtschaft führt mit einer Wolkensäule bei Tag und einer Feuersäule bei Nacht (Exodus /

2 Mose 13,21). Später, in der Geschichte des Jesus von Nazaret, offenbart sich Gott als ein Gott-mit-uns (Matthäus 1,23), der uns in Solidarität und Mitleid begleitet. Schließlich offenbart sich in der Geschichte von Pfingsten Gott als ein Gott-in-uns, der uns befähigt, selbst göttliches Leben zu atmen. So vervollständigt Pfingsten das Geheimnis der Offenbarung Gottes als Vater, Sohn und Heiliger Geist und lädt uns ein, vollgültiger Teilhaber am inneren Leben Gottes zu werden. Dadurch, dass Gott nicht nur ein Gott-für-uns und ein Gott-mit-uns, sondern auch ein Gott-in-uns wurde, lässt er uns das göttliche Leben erkennen, wie Jesus verheißt: «Der Beistand aber, der Heilige Geist, den der Vater in meinem Namen senden wird, der wird euch alles lehren» (Johannes 14,26).

Die Pfingstikone führt uns mitten in das Geheimnis von Gottes Selbstoffenbarung hinein. Die Art und Weise, wie die Apostel und Evangelisten versammelt sind, macht die Gegenwart des Gottes-in-uns deutlich. Der freie Raum zwischen den Hauptfiguren Petrus und Paulus zeigt ebenso wie der freie Raum, der durch das Halboval gebildet wird, in dem die Zwölf angeordnet sind, den neuen inneren Raum, in dem der Geist wohnt. Jesus ist nicht mehr bei seinen Jüngern. Er ist auferstanden. Aber seine Abwesenheit bedeutet nicht Leere. Im Gegenteil: Sein Weggehen hat den Raum geschaffen, in dem seine Jünger die Fülle des Geistes empfangen können. Jesus selbst hatte sie darauf vorbereitet, indem er sagte: «Es ist gut für euch, dass ich weggehe. Denn wenn ich nicht weggehe, wird der Beistand (Geist) nicht zu euch kommen. Wenn ich aber weggehe, werde ich ihn zu euch senden … und er wird euch zur vollen Wahrheit führen» (Johannes 16,7.13). Mit diesen Worten deutet Jesus voraus auf das neue Leben im Geist, das an Pfingsten offenbart werden wird. Es wird ein Leben sein, gelebt in der «vollen Wahrheit». In der «vollen Wahrheit» leben aber bedeutet enge Vertrautheit mit Gott, denn Gott ist die Wahrheit: wir sind ihm sozusagen angetraut und empfangen das ganze göttliche Leben.

Die zwölf Strahlen, die oben auf der Ikone zu sehen sind, symbolisieren die Fülle des Geistes, den die Jünger empfangen haben. Die Zeit der Verwirrung, der Missverständnisse, des Unglaubens und der Angst ist vorbei. Gott ist nicht länger ein Außenseiter, ein unzuverlässiger Führer oder ein feindlicher Fremder. Gott ist der Geist des auferstandenen Christus, der in seinen Jüngern lebt und sie mit neuer Hoffnung, neuem Mut und neuer Zuversicht erfüllt. Es ist der Geist, in dem sie bekennen: «Jesus ist der Herr» (1 Korinther 12,3), und rufen: «Abba, Vater» (Galater 4,6). Es ist der Geist, der ihnen eingibt, was sie vor Herrschern und Machthabern sagen sollen (vgl. Lukas 12,11–12), ihnen Weisheit verleiht (Apostelgeschichte 6,10) und ihre Entscheidungen beeinflusst (vgl. Apostelgeschichte 15,28). Es ist der Geist, der ihnen Vollmacht gibt, die Vergebung der Sünden, mit der zuerst Christus selbst betraut war, fortzusetzen (vgl. Johannes 20,22–23) und die frohe Botschaft von Gottes unerschöpflicher Liebe und Gnade zu allen Geschöpfen zu bringen (vgl. Markus 16,15).

Die Ruhe und das Friedvolle der Pfingstikone bringen besser als irgendein geschriebener Text das neue Leben zum Ausdruck, das der Geist schenkt. Es ist ein Leben göttlicher Liebe, gelebt im selben Geist, in dem Christus sein Leben lebte. So konnte Paulus sagen: «Nicht mehr ich lebe, sondern Christus lebt in mir» (Galater 2,20). Dieser Geist des gekreuzigten und auferstandenen Christus ermöglicht uns, so wie er in der Welt zu leben, ohne zu ihr zu gehören.

Der Geist in uns, der Geist des Gottes der Liebe, der Geist des lebendigen Christus ist der Heilige Geist, der neue Gemeinschaft unter denen stiftet, die glauben.

Das ist der zweite Gesichtspunkt des geistlichen Lebens, den der Maler ausgedrückt hat. Was diese Pfingstikone uns über Gemeinschaft mitteilt, bewegt mich sehr. Wir leben in einer Zeit tiefer Einsamkeit, und deshalb neigen wir dazu, uns Gemeinschaft als einen Raum vorzustellen, in dem wir verwundbar sein können, uns vollkommen öffnen können, andere sehr gut kennenlernen dürfen und bleibende, enge Beziehungen entwickeln können. Wie sehr sehnen wir uns nach einer solchen Gemeinschaft! Sie ist ein Ideal, das in unseren Träumen sehr lebendig ist, aber im täglichen Leben nur zu oft enttäuscht wird.

Die Ikone der Herabkunft des Heiligen Geistes leugnet keineswegs die Wichtigkeit zwischenmenschlicher Beziehungen, lässt Gemeinschaft aber in einem erheblich anderen Licht erscheinen. Sie ruft uns ins Bewusstsein, dass Gemeinschaft zuerst und vor allem ein Geschenk des Heiligen Geistes ist, aufgebaut nicht auf gegenseitiger Übereinstimmung, Zuneigung oder gemeinsamen Interessen, sondern darauf, den gleichen göttlichen Atem empfangen zu haben, ein Herz bekommen zu haben, das vom gleichen göttlichen Feuer entflammt ist, und von der gleichen göttlichen Liebe umgeben zu sein. Es ist der Gott-in-uns, der uns in Gemeinschaft miteinander führt und uns eins macht. Diese Botschaft konfrontiert und tröstet uns zugleich. Sie konfrontiert uns mit unserer Unfähigkeit, unsere Zerbrochenheit mit selbsterdachten Lösungen zu heilen und tröstet uns mit der Eröffnung, dass Gott tatsächlich unter uns die Einheit schaffen will, nach der wir uns im Innersten sehnen.

Die zwölf Jünger, die auf der Ikone dargestellt sind, bilden eine völlig harmonische Gemeinschaft. Ihre Einheit wird bildlich verstärkt durch den Gebrauch der umgekehrten Perspektive, welche die Figuren größer erscheinen lässt, wenn wir den Hintergrund betrachten, wie auch durch die goldenen Heiligenscheine um die Köpfe der Jünger. Sie bilden in der Tat einen Leib, geeint durch einen Geist. Aber sie sehen sich gegenseitig nicht an, sprechen nicht miteinander, arbeiten nicht zusammen. Sie lauschen alle zusammen auf den Gott in ihnen. Nicht ihre gleiche seelische Veranlagung vereint sie. Sie sind ganz verschieden! Auf der linken Seite sehen wir Petrus, Matthäus, Lukas, Andreas, Bartholomäus und Thomas, auf der rechten Paulus, Johannes, Markus, Simon, Jakobus und Philippus.

Die Berichte der Evangelien machen deutlich, dass diese Männer nicht zusammengekommen sind, weil sie von ihrer Persönlichkeit her so gut zusammenpassen. Was sie in Einheit zusammenbindet, sind die Strahlen des göttlichen Geistes, der von oben auf sie herabsteigt. Dieser Geist hat ihre Herzen geöffnet, damit sie das Wort verstehen, das sie von Jesus empfangen haben. Das erklärt, warum Paulus und die vier Evangelisten Bücher in den Händen halten und die anderen Buchrollen. Das Wort Gottes, ihnen geschenkt als gemeinsame Gabe und von ihnen angenommen als gemeinsame Aufgabe, bindet sie zu einer heiligen Gemeinschaft des Glaubens zusammen.

Hier enthüllt sich das Geheimnis der Kirche. Sie ist Einheit in Verschiedenheit; das stellt diese Ikone so überzeugend dar. Ein genauer Blick auf die Zwölf zeigt, dass jedes Glied dieser Gemeinschaft eine individuelle Person ist. Sorgfältig hat der Ikonenmaler jedem Apostel und Evangelisten eine eigene, unwiederholbare Individualität gegeben. Ihre Haare, Augen, die Bewegungen ihrer

Köpfe, ihre Gebärden und die Art, in der sie ihre Beine und Füße übereinanderlegen, sind so unterschiedlich, dass man sich ziemlich leicht an jede einzelne Figur erinnern kann. Diese Unterschiede in den Formen werden treffend verstärkt durch den Gebrauch von verschiedenartigen tiefen, satten Farben. Die Umgebung, in der sie sitzen, ist in zurückhaltenden Gelb- und Brauntönen gemalt, aber schau dir die hellen Rottöne und die tiefen Grüntöne, die Gelb- und Purpurtöne, die Braun- und Grautöne ihrer Mäntel und Tuniken an! Und obwohl die Kleidungen alle verschieden sind, ergeben sie zusammen eine wunderbare Harmonie. Keine Farbe dominiert, obwohl das Rot des Johannes, das Gelb des Petrus und die Grüntöne von Andreas, Simon und Philippus auffällig miteinander kontrastieren.

Es macht Spaß, sich mit jedem Einzelnen der Zwölf zu beschäftigen. Jeder erzählt auf seine Weise die Geschichte. Paulus sitzt gerade und aufrecht und sieht ziemlich streng und klug aus. Petrus ist etwas vorgebeugt und scheint eher im Begriff, zuzuhören. Johannes wendet seinen Kopf um – er ist bewegt; Matthäus und Markus sind eifrig dabei, alles mit ausgestreckten Armen zu erklären. Philippus, der mit übereinandergeschlagenen Beinen unten in der rechten Ecke sitzt, mag wohl alles lieber im Plauderton erzählen wollen, und Thomas auf der linken Seite sieht so jung aus, dass man sich fragt, wie denn *er* seine Erfahrung mit Jesus ausdrücken wird. Alle haben sie ihre eigene Art zu leben und die Frohe Botschaft zu verkünden, die tief in ihr Herz eingedrungen ist.

Je näher ich herankomme, desto mehr Unterschiede sehe ich, aber jedes Mal, wenn ich ein paar Schritte zurücktrete, stelle ich wieder fest, dass sie zu einer Gemeinschaft gehören, einen Leib bilden und zusammengehalten sind durch den Geist ihres einen und einzigen Herrn, Jesus Christus.

Die Gemeinschaft des Glaubens, die durch den Gott-in-uns, den Heiligen Geist, geschaffen wird, ist nicht nur einfach für das Wohlbefinden ihrer Mitglieder, sondern für die Befreiung der Welt geschaffen. Darin besteht der dritte Gesichtspunkt des geistlichen Lebens, der in der Ikone der Herabkunft des Heiligen Geistes sichtbar wird. Die Ikone ruft uns deutlich zu Bewusstsein, dass der Geist Christi, der uns zu einem Leib zusammengerufen hat, uns in die Welt sendet, sodass alle Menschen an der Frucht der Erlösung, erworben durch den Tod und die Auferstehung Jesu, teilhaben können.

Die königartige Figur, die im verdunkelten Tor am unteren Rand dieser Pfingstszene steht, spricht davon, dass die Welt dringend Befreiung braucht. Diese Figur ist wesentlich für das Verständnis der Herabkunft des Geistes. Als ich die Ikone zum ersten Mal sah, war ich befremdet von dieser irritierenden, steifen Person mit einer unnatürlich aussehenden Krone, einem ausdruckslosen Gesicht, plumpen Kleidern und einem langen weißen Tuch, das über ihre ausgestreckten Arme gebreitet ist. Im Vergleich zu den lebendigen Gestalten der Apostel und Evangelisten wirkte dieser Mann wie eine leblose Marionette auf mich. Und was sollte diese seltsame ovale Tür, die auf nichts Ausblick hat als lauter Finsternis? Ich empfand, dass diese wunderbare Pfingstszene von dieser hässlichen «Szene» am unteren Bildrand gestört wurde. Warum wurde der freie Raum, den die Jünger bildeten, nicht ganz frei gelassen? Es sähe doch so viel harmonischer und friedlicher aus.

Als ich damit begann, verschiedene Erklärungen zu dieser Ikone zu lesen, besonders die von Paul P. Muratov, Leonid

Ouspensky und Daniel Rousseau, merkte ich langsam, dass meine romantischen Bestrebungen weit entfernt waren von den Absichten des Malers. Der steife König im finsteren Tor muss da sein. Pfingsten ist nicht das idyllische Ende der Heilsgeschichte, sondern der Anfang eines Auftrags, in die Welt hinauszugehen, alle Völker zu Jüngern zu machen, sie im Namen des Vaters, des Sohnes und des Heiligen Geistes zu taufen und sie zu lehren, alles zu befolgen, was Jesus uns geboten hat (vgl. Matthäus 28,19–20). Derselbe Geist, der die Jünger Jesu zu einer Glaubensgemeinschaft zusammenbindet, die vor Leben sprüht, sendet sie in die Welt, um die zu befreien, «die in Finsternis und in Todesschatten sitzen» (Lukas 1,79).

Auf den ältesten Pfingstikonen wurde die Menge, die auf das Brausen des Geistes hin aus allen Völkern zusammenströmte (vgl. Apostelgeschichte 2,5–6), unten auf der Ikone dargestellt. Aber spätere Ikonenmaler ersetzten diese Menge durch eine einzige symbolische Figur, um die feierliche Ruhe der ganzen Komposition zu erhalten. Diese Figur trägt oftmals die Aufschrift: «Kosmos». Dieser Kosmos, ein düsterer älterer Mann, stellt alle Völker dar, die in der Finsternis leben, in die das Licht der Lehre der Apostel gebracht wurde.

Beim Lesen dieser Interpretation bekam die Ikone für mich eine neue Dimension. Sie war jetzt nicht nur eine Ikone von großer innerer Ruhe und Harmonie, sondern auch eine Ikone mit einer Aufforderung. Sie hatte einen dringenden Aufruf zur Tat dazubekommen. Viele Menschen leben in Finsternis und warten auf das Licht des Wortes Gottes. Jetzt sehe ich deutlich, dass Kosmos in dem weißen Leinentuch die zwölf Buchrollen trägt, auf die das göttliche Wort, verkündet von den Zwölfen, geschrieben wurde. Ihr Weiß sticht deutlich ab von der Dunkelheit, in der Kosmos sich befindet. Das Licht des Gotteswortes muss in die gefangene Welt gebracht werden! So wird dieses friedliche Pfingstbild zu einem drängenden Ruf zur Befreiung. Die Rollen und Bücher in den Händen der Zwölf sind nicht dazu da, um dort zu ihrer privaten Erleuchtung behalten zu werden, sondern dazu, Menschen aller Zeiten und Länder in die Hände gegeben zu werden, damit auch sie am neuen Leben teilhaben können, das der Geist verleiht.

Wenn ich mir den Materialismus und die Luxusgesellschaft meines eigenen Landes, die Armut in Asien, Afrika und Lateinamerika und die Gewalttätigkeit im Libanon, in Irland, Mittelamerika und an vielen anderen Orten ins Bewusstsein rufe, und an die Gefangenen und Behinderten hinter den Mauern riesenhafter unpersönlicher Institutionen denke, die Kranken, die wenig oder gar keine Fürsorge erhalten, die jungen Menschen, die zu wenig Möglichkeiten einer angemessenen Ausbildung oder Arbeit haben, die Sterbenden, die in ihren letzten Stunden alleine bleiben, und alle, die einsam oder voller Angst sind – dann nimmt der starre, marionettenhafte König in der verdunkelten Tür verhängnisvolle Ausmaße an und wird zum Repräsentanten der ganzen Menschheit, die in einem weltweiten Netz von persönlicher und allgemeiner Schuld verstrickt ist. Die dunkle Höhle am unteren Rand der Ikone darf nicht ignoriert werden! Sie spricht vom bitteren Hass und Streit auf unserem Planeten, einem Planeten, dessen Existenz zunehmend gefährdet wird von zerstörerischen Kräften, die erfunden und angehäuft werden von einer «aufgeklärten» Menschheit. Dieser düstere alte Fürst muss dableiben, um zu versichern, dass die Herabkunft des Heiligen Geistes nie eine idyllische Angelegenheit war, sondern immer eine Herabkunft in eine Welt bleibt, die nach Befreiung lechzt.

Wer kann diese Aufgabe der Befreiung übernehmen? Wenn wir als Einzelne den schreienden Nöten der Welt zu begegnen versuchen, werden wir uns bald von «Mächten und Gewalten» umgeben finden, die sich unserem Verstehen und unserer Kontrolle entziehen. Dann erwartet uns sichere Verzweiflung. Aber «Die Herabkunft des Heiligen Geistes» macht deutlich, dass eine Gemeinschaft, die von Gott begründet wurde, sich tatsächlich in den Kampf für Gerechtigkeit und Frieden einlassen kann, ohne dadurch zerstört zu werden. Diese Gemeinschaft besteht zwar aus zerbrechlichen Menschen mit sehr beschränkten Möglichkeiten, aber der Geist Gottes gibt ihr ihre befreiende Kraft. So macht uns die Ikone sowohl Hoffnung auf die Befreiung der Welt als auch Mut, uns dafür zu engagieren.

Eine Tür zum Geheimnis Gottes

Die Herabkunft des Heiligen Geistes, so wie sie von dem russischen Ikonenmaler gegen Ende des 15. Jahrhunderts geschildert wird, zeigt eine neue Gemeinschaft des Glaubens, begründet vom Geist Gottes, der in unseren Herzen wohnt und uns beauftragt, unsere gefangene Welt zu befreien. Die Ikone vereint Gebet und Dienst, Kontemplation und Aktion, stilles Wachsen im Geist und Sendung in unsere friedlose Welt. Sie proklamiert die Gemeinschaft des Glaubens als sicheren Wohnort, aber genauso als Mittelpunkt, von dem der Auftrag zur Befreiung der Welt ausgeht.

Leonid Ouspensky erzählt, dass zwei Ikonen an Pfingsten in russischen Kirchen besonders verehrt werden: Die Ikone der Herabkunft des Heiligen Geistes und die Ikone der Heiligen

Dreifaltigkeit. Darin drückt sich die innige Verbindung zwischen der Geburt der Gemeinschaft des Glaubens und dem Geheimnis des dreieinigen Gottes aus. Tatsächlich, der harmonische Kreis, in den die Jünger gesetzt sind, ist eine Widerspiegelung der Harmonie zwischen den drei göttlichen Personen, die Andrej Rublev in seiner Ikone der Heiligen Dreifaltigkeit so wunderbar schildert. Die russische Ikonenmalerei hilft uns zu erkennen, dass das Geheimnis der Kirche und das Geheimnis der Offenbarung des verborgenen Lebens Gottes niemals voneinander getrennt werden können. Beide, Gott – Vater, Sohn und Heiliger Geist – und die Kirche – die Gemeinschaft, die ihr Leben im Namen des dreieinigen Gottes lebt –, gehören zum Apostolischen Glaubensbekenntnis. Wenn wir uns diese geheimnisvolle Verbindung vor Augen halten und zu Herzen nehmen, werden wir die Kirche wohl nicht mehr nur als rein menschliche Organisation ansehen, die uns bei unserem geistlichen Leben eine Hilfe sein mag oder auch nicht. Die Verbindung zwischen dem Geheimnis Gottes und dem Geheimnis der Kirche wird wunderbar vom Erzbischof Antonius ausgedrückt, wenn er schreibt:

»So wird nach dem Vorbild der Heiligen Dreifaltigkeit, die ungeteilt und doch unterschieden ist, ein neues Wesen geformt, die Heilige Kirche, eins in ihrem Wesen, aber vielfältig in den Personen; ihr Haupt ist Christus und ihre Mitglieder sind Engel, Propheten, Apostel, Märtyrer und alle diejenigen, die im Glauben zur Umkehr gelangt sind.«

Diese Schau der Kirche als Abbild der Dreifaltigkeit hilft uns, den vollen Sinn brüderlicher und schwesterlicher Liebe zu verstehen. Jesus hatte seine Jünger schon gelehrt, dass seine Liebe zu ihnen so umfassend war wie die Liebe des Vaters zu ihm und dass ihre gegenseitige Liebe so umfassend sein sollte wie die

Liebe Jesu zu ihnen. «Wie mich der Vater geliebt hat, so habe auch ich euch geliebt… liebt einander, wie ich euch geliebt habe» (Johannes 15,9.12). An Pfingsten sendet er ihnen den Heiligen Geist, den Geist der Liebe, in dem Vater und Sohn sich gegenseitig lieben, und schafft so eine Gemeinschaft nach dem Vorbild des göttlichen Lebens. Wie Adam und Eva nach dem Bilde Gottes erschaffen wurden, so wurde die Kirche geschaffen nach dem Bild des dreieinigen Lebens Gottes, das in Jesus dem Christus geoffenbart wurde. Deshalb ist es bezeichnend, dass Jesu Worte: «Liebt einander, wie ich euch geliebt habe», an seine vertrautesten Freunde, an seine Jünger, gerichtet sind. Diejenigen, die Jesus kennen, sind aufgerufen, seine Liebe in ihrem gemeinsamen Leben deutlich zu machen und so zum Zeichen der Hoffnung inmitten einer Welt voller Angst zu werden.

Die Ikone der Herabkunft des Heiligen Geistes ist eine Tür, die uns in das Geheimnis von Gottes verborgenem Lebens führt. Als ich die Ikone zum ersten Mal sah, fühlte ich mich nicht zu ihr hingezogen. Aber als ich mir Zeit nahm, mit der Ikone zu leben und zu beten, öffnete sie sich mir allmählich und erzählte mir die Geschichte unserer Erlösung. Ich hoffe, dass auch allen, die mit der Ikone vor sich diese Betrachtung lesen, mehr vom «unergründlichen Reichtum Christi» zu Bewusstsein kommt und dass sie deutlicher sehen, «wie jenes Geheimnis Wirklichkeit geworden ist, das von Ewigkeit her in Gott, dem Schöpfer des Alls, verborgen war» (Epheser 3,8–9).

Das Geheimnis Gottes empfangen

Die Ikonen, die wir in diesem Buch betrachten, waren mir schon lange vertraut gewesen. Ich habe viele Reproduktionen von ihnen in Kirchen, Klöstern, Heimen und Wohnungen gesehen. Aber erst nachdem ich anfing, sie so zu betrachten, wie die Ikonenmaler es beabsichtigt hatten, nicht als Dekoration, sondern als heilige Orte, haben sie mir ihre Geheimnisse erzählt. Sie haben mir erzählt, dass wir alle berufen sind, in die liebende Gemeinschaft von Vater, Sohn und Heiligem Geist einzutreten. Sie haben mir erzählt, dass die Jungfrau Maria, von Gott erwählt, die Lade des Neuen Bundes zu werden, uns freundlich dazu einlädt, Jesus zu wählen als die Weise, ganz und gar zu Gott zu gehören. Sie haben mir erzählt, dass Jesus, der die Tiefen Gottes ebenso sieht wie die Tiefen des menschlichen Herzens, das ganz deutliche Zeichen von Gottes rettender Gegenwart unter uns ist. Schließlich haben sie mir erzählt, dass durch eine neue Gemeinschaft, die durch den Geist gebildet wird, die Christen dazu aufgerufen sind, Gottes Liebe sichtbar zu machen und so für die Befreiung der Welt zu arbeiten.

Anfangs sah ich diese Ikonen unabhängig voneinander an, aber allmählich begannen sie eine Einheit zu bilden. Zusammen stellen sie die Bewegung von der Gemeinschaft Gottes zu der Gemeinschaft des Glaubens dar, eine Bewegung, die von Jesus verwirklicht wurde, Sohn Marias und Sohn Gottes. Nicht nur die einzelnen Ikonen haben Geschichten zu erzählen, auch zusammen erzählen sie eine Geschichte. Sie erzählen uns, dass Jesus, wahrer Mensch und wahrer Gott, uns beruft, teilzuhaben am verborgenen Leben Gottes, nicht erst, wenn wir unsere irdische Wanderung beendet haben, sondern auch schon jetzt, wenn wir im Glauben zusammenkommen. Wie die Reihenfolge dieses Buches zeigt, wird die Heilige Dreifaltigkeit zum Vorbild für die pfingstliche Gemeinschaft und diese ein Widerschein der Heiligen Dreifaltigkeit. Beide sind verbunden durch die geheimnisvolle Menschwerdung des Wortes Gottes, die auf den Ikonen der Gottesmutter von Vladimir und des Erlösers von Zvenigorod zum Ausdruck kommt.

Alle vier Ikonen sprechen von einem Gott, der nicht im blendenden Glanz des göttlichen Lichtes verborgen bleibt, sondern sich auf eine Welt einlässt, die nach Freiheit schreit. Auf jeder der vier Ikonen ist die Welt gegenwärtig. Die Welt erscheint als der offene Raum vor dem Altar auf der Ikone der Heiligen Dreifaltigkeit. Die Welt erscheint im hölzernen Rahmen, in den die Gottesmutter und das Kind eingefasst sind. Die Welt zeigt sich in der beschädigten Holztafel, auf der alles verloren gegangen ist außer dem Gesicht des Erlösers, das voller Erbarmen ist. Schließlich wird die Welt in dem steifen König sichtbar, der im dunklen Tor am Rande des Pfingstbildes steht. Gott liebt uns Weltmenschen so sehr, dass wir erwählt werden, das Mittel für die göttliche Selbstoffenbarung zu werden. Sündige Männer und Frauen, aus Staub gemacht, nicht reine, körperlose Engel, werden erwählt, am Geheimnis von Gottes verborgenem Leben teilzunehmen, das sich ausdrückt in Vater, Sohn und Geist. «Er nimmt sich ja nicht der Engel an, sondern der Nachkommen Abrahams nimmt er sich an» (Hebräer 2,16). Gott behält seine Geheimnisse nicht für sich, sondern in dem Wort und durch das Wort, das seit aller Ewigkeit gesprochen ist und sich im Schoß einer Frau mit menschlichem Fleisch bekleidet hat, machte uns Gott seine

Geheimnisse bekannt. So sind wir zu den privilegierten Empfängern des Geheimnisses geworden, das in Gott von Ewigkeit verborgen war. Wir wurden so innig mit Gott verbunden, wie Jesus es ist. Wir wurden wirklich zu Kindern Gottes gemacht.

Diese vier Ikonen erzählen uns diese heilige Wahrheit auf viererlei Weise. Jede einzeln und alle zusammen geben uns eine Ahnung vom Haus der Liebe, das Jesus für uns bereitet hat, und laden uns ein, schon jetzt die Freude zu kosten, dort zu leben.

Diese Meditationen auszuarbeiten machte mir große Freude. Gebet wurde zu Schreiben, und Schreiben wurde Gebet. Bei diesem Vorgehen wurde mir mehr Energie geschenkt, als ich verbrauchte. Ich hoffe sehnlichst, dass du beim Lesen dieser Meditation etwas von der gleichen Freude erfährst und dass dadurch dein Verlagen immer stärker wird, die Schönheit des Herrn zu schauen, die in diesen heiligen Bildern aufscheint.

Persönliches Nachwort

Im Herbst des Jahres 1983 kam ich zum ersten Mal nach Trosly bei Paris, um die «Arche» kennenzulernen, eine von dem Kanadier Jean Vanier gegründete Gemeinschaft, in der geistig Behinderte leben. Wenn Barbara Swanekamp, Jean Vaniers Mitarbeiterin, nicht Rublevs Ikone der Dreifaltigkeit auf den Tisch des Zimmers, in dem ich wohnte, gestellt hätte, wäre dieses Buch wahrscheinlich nie geschrieben worden. Nachdem ich diese Ikone so viele Wochen lang betrachtet hatte, drängte es mich, niederzuschreiben, was ich nach und nach sehen gelernt hatte.

Im nächsten Jahr, als ich wieder nach Trosly kam, um dort Exerzitien zu machen, hatte mir Barbara statt der Dreifaltigkeitsikone die Ikone der Gottesmutter von Vladimir hingestellt. Als die Exerzitien vorüber waren, begann ich wieder zu schreiben.

Während eines dritten Besuchs, ein Jahr später, war mein geistliches Leben schon so sehr mit der Schönheit der Ikonen verbunden, dass ich mich dazu hingezogen fühlte, über Rublevs Christus von Zvenigorod und die Ikone der Herabkunft des Heiligen Geistes zu schreiben. In diesen Monaten brachte mir Simone Landrien viel Unterstützung und Ermutigung entgegen.

Die treue Freundschaft von Barbara und Simone war ein starker Ansporn beim Schreiben dieser Betrachtungen. In Dankbarkeit widme ich beiden dieses Buch.

Ein Dankeswort möchte ich Roberta Reeder und Charles Busch aussprechen, die mich an die wichtigste Literatur und an originalgetreue Reproduktionen herangeführt haben. Herzlich dankbar bin ich auch Elisabeth Ozolin und Robert Lentz dafür, dass sie das Manuskript lasen und kritische Anmerkungen machten, sowie meinen Freunden im Verlag Herder in Freiburg i. Br. für ihre großzügige Unterstützung bei der Vorbereitung der deutschen Ausgabe.

Am meisten möchte ich Peter Weiskel und Phil Zaeder für ihre überaus fachkundige Durchsicht des Textes danken und Margaret Studier und Connie Ellis für ihre entgegenkommende Mitarbeit als Sekretärinnen.

Schließlich möchte ich allen «danke» sagen, die meine Augen für die Ikonen als Tore zum Göttlichen geöffnet haben. Es sind die vielen Frauen und Männer in Ost und West, die durch das Beten mit Ikonen die Schönheit des Herrn sehen gelernt haben. Möge dieses Büchlein eine Ermutigung sein, sich mit ihnen in diesem Gebet zu vereinen.

Henri Nouwen

Bibelstellenregister

Literatur

Für den Beitrag von Peter Dyckhoff

Adolf Adam, Maria, wir rufen zu dir, Freiburg im Breisgau 1998, 123.

Berthold Altaner / Alfred Stuiber, Patrologie. Leben, Schriften und Lehre der Kirchenväter, Freiburg, Basel, Wien ^{8}1978/1993, 526–532.

Johannes Bours, Halt an, wo laufst du hin? Bildmeditationen, Freiburg im Breisgau 1990, 124–125.

Aloys Butzkamm, Faszination Ikonen, Paderborn 2006, 116–118.

P. Chrysostomus Dahm / P. Ludger Bernhard, Athos. Berg der Verklärung. Offenburg 1959, 133–135.

Maria Cramer, Studien zu koptischen Paschabüchern. Der Ritus der Karwoche in der koptischen Kirche; in: Or. Chr. 49 (1965), 94–97.

Ephräm der Syrer, Lobgesang aus der Wüste. Eingeleitet und übersetzt von Edmund Beck, Freiburg im Breisgau 1967, 52–53.

Christian Feldmann, Henri Nouwen. Glaube heißt Sehnsucht, Freiburg im Breisgau 2006.

Karl Christian Felmy, Das Buch der Christus-Ikonen, Freiburg im Breisgau 2004, 120–131.

Helmut Fischer, Maria im Verständnis der Kirchen und die Gottesmutterikone, Petersberg 2006, 94–96.

H. P. Gerhard, Welt der Ikonen. Recklinghausen ^{7}1980, 35; 150.

Emanuele Grassi, Berg Athos. Eine Pilgerfahrt zum Berg der Asketen, Erlangen 1986, 169.

Paul Huber, Athos. Leben, Glaube, Kunst, Zürich und Freiburg ^{3}1982, 133 und 318–319.

Vladimir Ivanow, Das große Buch der russischen Ikonen, Freiburg im Breisgau ^{2}1990, 41–45.

Johannes von Damaskus, Genaue Darlegung des Orthodoxen Glaubens. Übersetzt und eingeleitet von Dr. Dionys Stiefenhofer. Bibliothek der Kirchenväter Band 44, München 1923, LXVII – LXXXVIII. 227–230.

Lexikon der Serbisch-Orthodoxen Kirche. http://Lexikon.freenet.de/Serbisch-Orthodoxe_Kirche

Tadros Y. Malaty, Die Gottesmutter bei den Vätern und in der koptischen Kirche. Herausgegeben von Klaus Gamber, Regensburg 1989, 66.

H. Menges, Die Bildersprache des hl. Johannes von Damaskus, Münster 1938.

Andreas Müller, Berg Athos. Geschichte einer Mönchsrepublik, München 2005, 79–85.

Maria Gionanna Muzj, Ganz Auge, ganz Licht, ganz Geist. Einführung in die Betrachtung der Ikonen, Würzburg 1989, 119–123.

Henri J. M. Nouwen, Ich hörte auf die Stille. Sieben Monate im Trappistenkloster, Freiburg im Breisgau ^{6}1981.

–, Höre auf die Stimme, die Liebe ist. Geistliche Deutung der Geschichte von Jesus, Freiburg im Breisgau 2003.

Boris Rothemund, Handbuch der Ikonenkunst, München 1966, 251–253.

Philip Sherrard, Athos. Der Berg des Schweigens, Lausanne und Freiburg 1959, 59–62.

Franz Spunda, Legenden und Fresken vom Berg Athos, Stuttgart 1962, 17; 105.

Helmut Starrach, Der Ruf des Athos. Erfahrungen und Begegnungen auf dem Heiligen Berg, Freiburg im Breisgau 2002, 56–74.

Martin Tamcke, Das orthodoxe Christentum, München 2004, 66–69.

Für das Buch von Henri Nouwen

M. Alpatov, Andrej Rubliov, Moskau 1972.

Vladimir Desyatnikov, The Russian Renaissance. Andrei Rublyov (for the 625th anniversary of his birth), Soviet Life, Oktober 1985, S. 55.

Paul Evdokimov, L'Art de l'Icône. Théologie de la Beauté, Paris 1970.

V. N. Lazarev, The Moscow School of Icon Painting, Moskau 1971.

Paul Muratoff, Trente-cinq Primitifs Russes. Collection Jacques Zolonitsky, à la Vieulle Russie, Paris 18 Faubourg Saint-Honoré, 1931.

Leonid Ouspensky and Vladimir Lossky, The Meaning of Icons, Crestwood, New York, St. Vladimir's Seminary Press, 1983.

Daniel Rousseau, L'Icône, Splendeur de Ton Visage, Paris 1982.

Egon Sendler, L'Icône, Image de l'Invisible. L'Eléments de Théologie Esthétique et Technique, Paris 1981.

Das Zitat von Erzbischof Antonius ist entnommen aus:
Erzbischof Antonius, Gesammelte Werke Bd. II, S. 75–76, zitiert bei L. Ouspensky and V. Lossky, 208.

Peter Dyckhoff im Verlag Herder

365 Tage im Licht der Liebe
Geistlich leben nach Johannes vom Kreuz
ISBN 978-3-451-29358-0

Auf dem Weg in die Nachfolge Christi
Geistlich leben nach Thomas von Kempen
Vierte Auflage 2007
ISBN 978-3-451-28502-8

Mit Leib und Seele beten
Die neun Gebetsweisen des Dominikus
ISBN 978-3-451-28231-7

In der Stille vor dir
Gebete aus dem Geist großer christlicher Mystiker
ISBN 978-3-451-29053-4

HERDER

Henri Nouwen im Verlag Herder

Nimm sein Bild in dein Herz
Geistliche Deutung eines Gemäldes von Rembrandt
Übertragung ins Deutsche von Ulrich Schütz
172 Seiten, gebunden mit Schutzumschlag · ISBN 3-451-22404-6

Feuer in meinem Herzen
Die Kraft der Mitmenschlichkeit
Mit zwölf Abbildungen von Gemälden Vincent van Goghs
Herausgegeben von Franz Johna, 142 Seiten, durchgehend vierfarbig,
gebunden mit Schutzumschlag · ISBN 978-3-451-29252-1

Ich hörte auf die Stille
Sieben Monate im Trappistenkloster
Aus dem Amerikanischen von Bernardin Schellenberger
272 Seiten, Herder Spektrum 5537 · ISBN 3-451-05537-6

Gebete aus der Stille
Mit einer Einleitung von Anselm Grün
Übersetzt von Mathilde Wieman
144 Seiten, gebunden · ISBN 3-451-27554-6

In einem anderen Licht
Von der Kunst des Lebens und Sterbens
Herausgegeben von Andrea Schwarz
144 Seiten, gebunden · ISBN 3-451-28899-0

Nach Hause finden
Wege zu einem erfüllteren Leben
Aus dem Amerikanischen übersetzt von Ingrid Proß-Gill
144 Seiten, gebunden · ISBN 3-451-28381-6

Du bist der geliebte Mensch
Religiös leben in einer säkularen Welt
Übersetzt von Bernardin Schellenberger
128 Seiten, gebunden · ISBN 3-451-29282-3

HERDER

Der zweite Teil dieses Buches ist unter dem Titel
Henri J. M. Nouwen, Behold the Beauty of the Lord. Four Icon Meditations
auf Amerikanisch erschienen bei Ave Maria Press, Notre Dame, Indiana, 1986

Die deutschsprachige Ausgabe von «Behold the Beauty of the Lord» wurde
erstveröffentlicht unter dem Titel
Henri J. M. Nouwen, Bilder göttlichen Lebens. Ikonen schauen und beten
im Verlag Herder, Freiburg im Breisgau, 1987
Deutsche Übersetzung: Dorothea Schütz

Für die Erlaubnis zur Abbildung der Ikone Henri Nouwens, jetzt im Besitz
der Genesee Abbey N. Y., und für die Bildvorlage dankt der Verlag sehr herzlich
Br. Anthony Weber, Genesee Abbey

www.herder.de

Bibelzitaten ist in der Regel
als Übersetzung zugrunde gelegt:
Die Bibel. Die Heilige Schrift
des Alten und Neuen Bundes.
Vollständige deutsche Ausgabe
DIE BIBEL

Umschlagmotiv:
«Gottesmutter mit drei Händen», griechische Ikone (19. Jh.)
im Besitz von Peter Dyckhoff

Innengestaltung:
Weiß-Freiburg GmbH, Graphik & Buchgestaltung

Druck und Bindung:
fgb · freiburger graphische betriebe
www.fgb.de

Gedruckt auf umweltfreundlichem,
chlorfrei gebleichtem, säurefreiem Papier
Printed in Germany
ISBN 978-3-451-29652-9